JN125451

街路樹　理想的な剪定例

限定空間で自然な樹形を実現

エンジュ《剪定前》

エンジュ《剪定後》

ユリノキ《剪定前》

ユリノキ《剪定後》

イチョウ《剪定前》

イチョウ《剪定後》

クスノキ《剪定前》

クスノキ《剪定後》

街路樹 不適切な剪定例
樹木が生活に困る不自然な樹形

アキニレ（ブツ切り剪定）

イチョウ（コブのできる剪定）

イチョウ
（前年に小枝をすべて切除）

ケヤキ
（懐枝切除、当年枝を極端に切り詰め）

沿道の景観にも調和した美しい街路樹

行幸通りのイチョウ並木（東京都中央区）

播磨坂のサクラ並木（東京都文京区）

街路樹はなぜ剪定が必要か？

冨田 改

文芸社

『街路樹はなぜ剪定が必要か？』出版にあたり

　待っていた本が出ました。街路樹をタイトルにした本は何冊も出版されていますが、街路樹剪定士指導員自らが書かれた本はありませんでした。著者は、街路樹剪定士制度が発足した翌年の平成12年から20年間、指導員として街路樹剪定士講習を担当してこられた現場の第一人者です。この本は、長年に及ぶ数多くの街路樹剪定士の実技指導で見られた課題を改善・指導する過程で積み重ねられた知見の集大成です。

　街路樹剪定士は、現在１万５千人近くにもなっていますが、酷い剪定を受けた街路樹は全国に見られ、残念ながら増えているように思います。そうした酷い剪定は街路樹剪定士の資格をもっていない管理受託者による場合が多いとは思いますが、街路樹剪定士の場合もあるかも知れません。

　世界の多くの都市では、近年ますます顕著になっている温暖化とヒートアイランド現象に対応するため、街路樹の樹冠をできる限り広げて直射日光を遮り、コンクリート面に熱が溜まらないようにしています。日本も年ごとに猛暑日が増え、熱中症で亡くなる方が増え続けていて、直射日光を遮るように枝葉を大きく広げなければ日中、歩けないような道路が多いのです。それにも拘わらず、枝葉を強く剪定した街路樹が一般的ですし、近年は従前に増して酷い剪定が見られるようになっています。苦情の原因になっている落葉を減らすため、紅葉前の剪定が増え、さらには緑陰が必要な夏場に酷く剪定される街路樹も増えています。こうした実態は日本だけです。苦情の矢面に立って酷い剪定を発注せざるを得ない情況に追い込まれている道路管理者が本来の街路樹管理を進められるようにしなければならないのですが、受託者にも専門技術者としての対応が求められます。本書は、街路樹剪定士が管理受託者としてただ云われたままに剪定するのではなく、専門

的見識をもって発注者にあるべき剪定方法を説明し、適切に剪定できるようになるための実践的テキストです。

　街路樹の枝葉を広げるには放置すればよいと考えるかも知れませんが、そう簡単ではありません。道路には車や自転車、歩行者が通れるように、枝葉が伸ばせない建築限界（車道側4.5m、歩道側2.5m）があります。民有地側に枝が張りだしてはいけませんし、交通信号への視認距離も確保しなければなりません。電線や電話線は道路占用物で、道路付属物の街路樹の方が優先順位は高いのですが、断線の影響は大きいので、それを避ける配慮は占用物側とともに必要です。

　このような空間的制限は地上部だけでなく、地下部にもあります。枝葉を広げれば、風を受ける面積も大きくなりますので、樹木は倒れないように根が張るのですが、車道側は路盤が厚くて根はほとんど伸ばせません。路盤の薄い歩道下には根は伸びるのですが、水道管やガス管、さらに地中化された電線も埋設されていることもあります。つまり、根が伸ばせる土壌の深さや広がりも考慮しなければならないのです。

　この本には、地上・地下の空間的制限の中で街路樹を健全に美しく剪定する技術と、その理論的根拠が詳しく記されています。本文は優しく記述されているのですが、その背後には、日本の街路樹をよくしたいという著者の強い思いと、街路樹剪定士に対する熱い期待が込められています。現役の街路樹剪定士や剪定士を志している方々はもちろんのこと、街路樹管理を発注する道路管理者、そして街路樹が気になっている多くの市民にこの本を読んで頂きたいと思います。そして、日本全国の街路樹が大きく枝葉を広げ、その木陰で人々の笑顔がほころぶ都市があちこちにできることを強く願っています。

　　　　　　　　　　　　千葉大学名誉教授　藤井英二郎

まえがき

植物への思いを込めて

　植物と私たち人間との付き合いは、人類の歴史が始まって以来、続けられてきました。人間が生存するための酸素の供給源や食料として、また生活の営みを向上させる道具の材料として、さらには景観を形成したり、鑑賞の対象となるなどして、植物たちは永く私たちの生活に寄りそってきました。

　本書は、「樹木としての街路樹の剪定作業はどうあるべきか」「剪定作業を通じ樹木とどのように付き合うべきか」ということを、私の積み重ねてきた知見からまとめたものです。公園・庭園の樹木についても同じ考え方があてはまります。

　造園家として、樹木医として、街路樹剪定士指導員として、今日までの長年の経験を元に、植物への思いを込めつつ記すものです。

樹木に関わるには心構えを

　私たち人間は、古くから、さまざまな場所にいろいろな樹木を植えてきました。日本でも、先人たちに植えられ、生存してきた大木が、全国で天然記念物に指定され、私たちに感動を与え続けてくれています。街の中にも私たちを癒やしてくれる大木や緑地がたくさんあります。また、街路樹も「都市景観の構成要素」として重要な位置づけがなされています。

　しかし、現在各地で行われている街路樹の剪定例を見ると、樹木の生理を理解せずに剪定していたり、景観要素として美しさが保たれていないものが多く見られます。剪定管理を行う上で、剪

定に関わる技術者の心構えが厳しく問われていると思えてなりません。

樹木に適切なメッセージを

樹木は私たちと同じ生き物です。私たちが安心できる環境、安定した生活を望むように、樹木も安心・安定を願っているに違いありません。人間の思いと樹木の思いが一致したときに、素晴らしい！ 美しい！ と感じることのできる街路樹が誕生します。

管理作業、剪定作業を行うということは、樹木に人間から何らかのメッセージを送ることです。そのメッセージが樹木の生存にとって都合の悪いものであれば、姿は醜くなり、さらには衰弱していきます。

しかし、樹木の生活メカニズムを理解した上で、より良いメッセージを送ることができたら、樹木は私たちに美しい姿で応えてくれるのです。

植物はかけがえのないパートナー

植物は4億7000万年前、地球上に出現しました。一方、人類が現れたのは500万年前です。人間にとって大先輩の植物は、その活動（生活）の中で、二酸化炭素（CO_2）を取り入れ、生物全体の生存に関わる酸素（O_2）を作りだしてきました。

地球を覆う気体の構成は、窒素78％、酸素21％、アルゴン0.9％などとなっています。二酸化炭素は0.040％と微量ですが、この数値の増加が地球環境に影響を及ぼしていることが、昨今大きな問題になっています。

植物は二酸化炭素を取り入れて自分の体を作り、生命を維持し

ています。そのうえで、私たち人間に必要な酸素を供給し、私たち人間の活動で排出される二酸化炭素を吸収・固定化してくれます。私たち人間が生存するための、かけがえのないパートナーなのです。

素晴らしい緑の提供を

　本書では街路樹の剪定に的を絞り、樹木と人との関わり方を述べます。大事なことは、私たちと共に存在している植物の重要性と、植物の生理をしっかりと認識することです。

　剪定を行う技術者は、樹木の生活メカニズムを理解し、樹木に適切なメッセージを送ることを意識して、剪定に臨むべきでしょう。そうしなければ、樹木の本来の価値と魅力は生かされません。

　技術者の皆さんが素晴らしい緑を提供できるようになることを強く願い、ここに思いを記しました。

2020年3月

冨田　改

「わたしのことをよく知ってね。」

街路樹剪定　早わかりポイント

どこを、なぜ、どう切る？　どこを残す？──剪定前に考える

　樹木の３つのパーツの構成・役割を理解することが重要。樹木を人に見立て、幹・主枝は「骨格」、亜主枝（従来の副主枝に相当）は「肉付け」、側枝・当年枝は「衣装」と考える（52ページ参照）。すると、その樹木にとって必要なもの、不必要なものが見えてくる。

・・

樹木を構成する３つのパーツを理解する

幹・主枝＝ 骨格 　　亜主枝＝ 肉付け 　　側枝・当年枝＝ 衣装

幹の状態、枝の構成もよく見て剪定

①**幹**　　おかしな立ち方をしていないか？

　　　　　本数は適しているか？（株立ちの場合）

②**主枝**　数、間隔、方向、枝角度は適切か？

　　　　　《適》樹木の骨格がしっかりできている＝骨格バランスが良い。

　　　　　《否》主枝が多すぎれば間引き、少なければ育成を図る。枝角
　　　　　　　　度は30度以内が望ましい（57ページ参照）。

③**亜主枝**　主枝の代わりになる枝、方向性の良い枝が複数本あるか？

　　　　　《有》樹木の肉付けができていて、剪定する枝の選択肢がある。

　　　　　《無》方向性の良い小枝を残し、育成を図る。

　　　　　　　　太い枝がバランスの良い長さで止まっているか？

　　　　　《適》枝バランスが良い

　　　　　《否》外形線まで到達している太い枝は、幹寄りに切り詰める
　　　　　　　　か切り返す。

④**側枝・当年枝などの小枝（外形線を形作る大切な枝）　十分な本数が
　あるか？**

《有》枝バランスが良く、美しく見える。樹勢がほかの部分に
分散され、徒長枝の発生が抑えられる。剪定する枝の選
択肢が増える。
《無》硬い樹形となる。樹勢調整が難しい。方向性の良い枝の
育成を図る。

美しい街路樹に仕上がったか？──剪定後に確認・評価

では、美しい街路樹とはどのようなものか。下の表のように、樹木を美しく仕上げるためのポイントを具体的にイメージすることが重要。実際に剪定したあとには、この表で作業成果の評価を。

チェックポイント	優	良	可	不可
①各樹木の樹形や樹高の統一が図られているか。				
②枝の構成（主枝・亜主枝・側枝・当年枝）と、各枝の長短・太さのバランスがとれているか。				
③外形線（樹木の外側）は細かな枝で形作られているか。				
④各枝の交代ができているか、育成が図られているか。				
⑤不要枝やコブの除去ができているか。				
⑥コブの発生しない剪定ができているか。				
⑦切断位置と切り方は適切か。科学的剪定法が行われているか。				
⑧懐枝などの小枝がたくさん残され、勢力の分散ができているか。				

目　次

第1章　剪定士が街の緑を豊かにする

第2章　限定空間で生きる街路樹──剪定で樹木の「生活保障」を

第6章　これからの街路樹剪定

第 1 章

剪定士が街の緑を豊かにする

全国に広がる「美しくない街路樹」

不自然な街路樹が増えている

　人工的な都市の中にあって、心地よい光景と憩いの場をもたらすはずの街路樹ですが、自然で美しい並木道は、限られています。どの街を巡っても、痛々しい姿が目につきます。

　不自然に詰められた枝張り。スッパリ縮められた樹高。ブツ切りにされ、コブだらけ、不定芽だらけの枝。申し訳程度の葉。胴吹きだらけの幹。ひこばえだらけの根元。

　葉を落とした樹木であっても、その樹木らしい特徴が幹の伸び方や枝の付き方などに表れるものですが、これでは樹種の区別もつかず、樹木としてとても不自然です。

左上　コブが発生する剪定（モミジバフウ）／**左下**　特性を感じさせない剪定（ケヤキ）／**右**　懐枝をすべて切除し、枝先端を短く切られた姿（ケヤキ）

気が休まらない並木、苦しむ樹木

　いきいきと枝を伸ばし、葉を付けた街路樹は、殺伐とした都会の環境を和らげる貴重な存在です。何より、樹木も私たちと同じ生き物です。それを無残な姿に変えては、人の気も休まりません。

　剪定に関わる技術者たちも、けっして望ましい景観だとは思っていないはずです。街路樹の姿は人々が期待する樹形とは程遠いと言わざるをえません。

　何より苦しんでいるのは樹木たちです。樹木も、その樹種らしい自然な姿になりたい。しかし、人間の扱い方のせいで不自然な姿にされ、生存も脅かされて、泣きだし、怒って、暴れだす。けっしてたとえ話ではありません。樹木の苦しみが、景観の劣化につながっているのです。

左　主枝を切除、寸胴切りされた幹（ユリノキ）／**中央**　コブのできる剪定をされた一年半後の姿（イチョウ）／**右**　ぶつ切り剪定をされた一年後の姿（アキニレ）

街路樹が生きづらいのは人のせい!?

樹木が生き物であることを忘れていませんか？

　街路樹は、柵や街灯、道路標識、共同溝などとともに、「道路の付属物」と規定されています（「道路法」による。法文中では「並木」）。おもに歩道と車道の間に植えられ、街の人工的な景観に緑を添えますが、車や歩行者の通行を妨げてはいけません。

　そのため、街路樹にも「建築限界」が適用され、車道側では路面から4.5ｍ、歩道側では2.5ｍの高さまでは、幹から枝を出すことができません（「道路構造令」による。車道からの高さは道路の種類に応じて3.0〜4.8ｍ）。

　例えば樹高10ｍ程度の樹木なら、車道側に枝を張れるのは、ほぼ上半分の5.5ｍの間のみです。それでは、何本も主枝を生やせるわけはありません。周囲の建物や構造物も避ける必要があります。

　一方、植栽基盤は植栽桝に囲まれている場合が多く、その平面形は一辺１ｍ前後の四角形か幅数十cmの帯状です。植栽桝がない場合も、根は大部分が舗装材に覆われ、十分に養水分を吸収したり、呼吸したりできる範囲が極端に限られています。

「限定空間」で生きる街路樹

　街路樹の生きる場はまさに「限定空間」です。街路樹剪定の最大の目標は、「樹木に限定空間で生きてもらうこと」にあります。

　樹木をこの空間に収めたうえ、さらに枝が短く詰められる例も増えています。落葉落枝の防止が目的でしょうか。歩行者や周辺住人が日陰を望むとしても、道路管理者の側は苦情を最優先する

のです。しかし、枝が減らされ、葉が付けられなくなるのは、樹木にとって死活問題です。

　また、根元はもともと雨が当たりにくいうえ、植栽基盤が露出している範囲も限られています。とくに都市部では、雑草の繁茂を避けようと、地表を珪藻土で覆う場合がありますが、根への水分供給が断たれるため、適切な管理法とは言えません。

右／支柱添木を飲み込んだ街路樹（ハクウンボク）　左上／植桝いっぱいに広がった根元（トウカエデ）　左中央／植桝を飲み込んだ根元（サクラ）　左下／植桝グレーチングを飲み込みはじめた根元（クスノキ）

樹木は「一つの生命体」として生き、反応する

不適切な剪定から悪循環が始まる

たとえば、太く生長した主枝を、枝分かれしていないところで切詰剪定、つまりブツ切りにすると、第2章で説明するように、樹木は急いで非常時用の「不定芽」を出し、細い枝を伸ばして葉を付けます。しかし、不定芽による枝は太陽光が届かないと1～2年で枯れ、切詰にした主枝の代替枝はなかなか育ちません。

切り口から病原菌が入る恐れもあり、健康の維持も課題ですが、大事な葉を増やせず、悪循環に陥ります。切り口にコブができれば樹形も悪化し、剪定による樹形再生も難しくなります。

剪定士として、正確なメッセージを

切り口から不定芽が伸びるのは、樹木としてごく自然な反応です。"一つの生命体"として、剪定に反応しているだけです。切詰にしたということは、剪定を通じ、樹木に「切り口から芽を出せ」という"メッセージ"を送ったも同然です。

樹形が崩れている場合、その再生のためにブツ切りを選ぶこともありますが、切り口から生えた枝を育てる必要があり、それなりの管理が必要です。切った傷が大きければ、それだけ樹木が疲れますから、体力を補う工夫も必要です。

剪定にあたっては、その方法が樹木にどんなメッセージを送ることになるか、どんな負担をかけるか、きちんと想定しなくてはなりません。樹木の反応にも責任をもって対応し、樹木のためにも人のためにもなることを意識して、手をかけるべきでしょう。

生活を保障すれば樹木は落ち着き、美しくなる

樹形の崩れには原因がある

　本来、樹木の多くは、幹を真上に生長させ、枝を四方に伸ばし、重なりあわないように葉を茂らせ、日光をもらさず受けようとしながら、その樹木の特性に沿った姿で育っていきます。つまり、樹形が崩れている樹木は不自然な育ち方をしているということです。

　樹木が自然な育ち方ができるよう、剪定によってどんな支援ができるのか。剪定士は技術者だからこそできることを考えていく必要があります。「狭い空間だが、がまんしてほしい。その代わり、十分に葉を付けられるよう懐枝をたくさん残したよ」——限定空間で無理をかける樹木に、こうして健康に生活できる条件をそろえてあげることが、街路樹剪定の基本です。

　何か異状が確認されたら、樹木医や研究者など専門家に相談する場合もありますが、「剪定を行う」ということは樹木の健康維持に影響を与えていることを、技術者一人ひとりが意識すべきです。

剪定をしなければ美しい姿に戻る

街路樹剪定士は「街の顔」を守る

美しい街路樹を創出・維持する剪定士

「街路樹剪定士」の資格制度は、街路樹の剪定基準を明確にし、施工者の技術力の向上を図るため、1999年、（一般社団法人）日本造園建設業協会によって創設されました。

街路樹剪定士とは

街路樹に関する多岐にわたる知識を備え、生命を愛しむ心を持ち、美しい街路樹を創出・維持するための**剪定に関する能力を持ったスペシャリスト**をいう。

街路樹の生理的特性やその扱いを熟知し、街路樹の持つ機能と効用を理解し、その目的に沿って、目標とする街路樹の樹形を適切な剪定技術によって健全に改善し、美しく維持する技能を有する者に与えられる資格である。

街路樹剪定士に求められる能力

項　　　目	基礎知識	診断能力	対策立案能力	実行能力
剪　　　　定				
病　害　虫			専門分野に委ねる	
植　栽　基　盤				
安　全　衛　生　管　理				

（一社）日本造園建設業協会「街路樹剪定ハンドブック」より

生き物として樹木と付き合う

　街路樹剪定士の実技試験では、懐枝を取り払い、大きな枝を切り詰め、見た目ばかりさっぱりさせる例が数多く見られます。しかし、街路樹剪定の目的は、生き物としての樹木に、限定空間に収まったまま、いかに生活してもらい生長してもらうかということです。そうした相反する目的を達成するには、枝を「切る」だけではなく「残す」「育成する」ことも欠かせないのです。

　それには、なぜ切るか、なぜ残すかということを、樹木という

生き物の立場で意味づけていかなくてはなりません。

　剪定士は、剪定の技術を高めるとともに、生き物としての樹木と付き合い、働きかけ、納得してもらうための知識と能力を身につけていかなければなりません。

樹木の生理・生態を踏まえ、技術を高める

　地球の大気に酸素を供給しているのは植物だけです。また樹木は、都市にあっても、鳥や虫をはじめ、さまざまな生き物の憩いの場となります。その一端である街路樹を守ることは、私たち人類のためでもあります。

　植物も動物と同じく、環境の変化を敏感に感じ取って生きています。その生き物としての繊細さを踏まえた「生理的剪定」こそ、本来の剪定です。剪定士の仕事は、剪定によって、美しく健全な樹木を作り、街の風景を創造していく仕事と言えるでしょう。

東京都心の緑量のあるイチョウ並木

「なぜそこを切るの？」にしっかり答える

「なぜそこを切るのか」「なぜそこを残すのか」「どういう樹形を
めざすのか」——こうした質問にしっかり答えられる技術者をめ
ざしましょう。そのためにも、樹木ごとに明確な目標をもって剪
定を進めることが重要です。

　樹木の研究は進んでいますが、現在のところ、樹木の状態に応
じた最適な剪定法や、どこをどれだけ剪定すべきかといった具体
的な目安は、まだ明らかではありません。

　そもそも、数百年以上生きることもある樹木に対し、たかだか
数十年の人間が何をしてあげられるのか。樹木の何がわかるとい
うのか。経験を積んだ技術者でも迷うことはあるでしょう。樹木
への理解を深めていくためには、街路樹の剪定もその場限りの仕
事とせず、樹木がどのように反応しているか、継続して観察・評
価していくことが必要です。

「なぜ切るの？」
○限定空間を飛び出しているから。
○限定空間内で生活してもらうため　→　メタボをスリムに！
　蓄えた生産物を減らさないと、ますます大きな空間が必要に。

「なぜそこを切るの？」
○美しさを損なわないようにして、生産物をたくさん蓄えたとこ
　ろから（太い枝、強い枝）切る。
○懐の小枝を育てるため、外形線の内部に陽が入るように切る。
○主枝の先（外形線）が立ってくると陽が入りにくくなり、競争
　して枝が上向くため、切り返す。

第2章

限定空間で生きる街路樹

——剪定で樹木の「生活保障」を

樹木の願いは「安定した生活をしたい」

街路樹が健全なら街が潤い、人も安らぐ

　主枝を詰めても代替枝が順調に生長している。枝はバランス良く配置され、代替枝の将来候補となる懐枝も豊富に伸びている。外形線の内部にも日光が差し、小枝の節々には、まんべんなく葉が付いている。——こんなふうに安定した生活を送る街路樹は、人にとっても美しく、頼もしく見え、安心感をもたらしてくれます。人工物ばかりの都市景観に、柔らかさと潤いが添えられます。

樹木が安定すれば剪定は最低限で済む

　こうして樹形が整い、十分に光合成のできる樹木は、何年も同じような自然な姿でいてくれます。安心して生活する樹木は、無理に不自然な枝を伸ばす必要がないからです。剪定作業の手間も最低限に抑えられます（落葉落枝の手間が増えるとしても）。樹木の安定に配慮した形に、管理の基本を置くべきでしょう。

いつでも樹木は生きようとする——わざと枝を枯らす場合も

　樹木は主枝を伸ばし、そこからさらに小枝を伸ばして葉を付け、光合成による生産物を体内各部に取り込み、樹木全体に供給します。小枝を伸ばすにもエネルギーが必要ですが、小枝のほうは、葉で光合成をすることによって、樹木本体に "恩返し" するわけです。

　しかし、ほかの枝葉の陰となるなど、あまり光合成のできない葉を付ける枝は、枯れていきます。樹木がその枝を見限り、養水分の供給を止めるからです。

また、根や幹、枝の傷口から腐朽菌が入り、キノコが生えても、樹勢が衰えなければ、免疫力を発揮します。枯れが入っても、菌を抑え込み、その進行を止めようとするのです。

適切な世話も必要——自然に育つと折れやすくなる？

　森や林を離れて１本で立っている樹木は、ほかの樹木との競争もなく安泰に見えますが、そうとも言いきれません。

　野山の樹木は、幹も枝も、根元から先端に向かって細くなっていくのが普通です。強い風を受けても、釣り竿のようにしなって、風の力を逃がします。また、ほかの樹木との生存競争もあって、枝張りが限られますが、森の周囲を低木が囲むなど、風の影響を受けにくい群落が形成されます。

　これに対し、単独で生えている樹木は、枝は伸ばし放題、葉も付け放題です。盛んに光合成が行われる結果、幹や枝は丈夫になりますが、不適切な剪定をされた樹木はしなやかさが失われる場合もあります。枝が張り出してたくさんの葉が付くと、風の力をまともに受け、大きく揺さぶられるため、かえって折れやすくなるのです。また内側に日光が入りにくく、主枝から枝分かれした懐枝の枯れが進行します。主枝を詰める必要が生じても、その「代替枝」となる小枝が減ることになります。

　街路樹を安定して生長させるには、主枝の数や配置を考慮した管理をする必要があります。30ページで述べる"ダイエット"の考え方も欠かせません。

樹木の体のはたらきを知ろう

樹木の体は巧みにはたらき、つながっている

　樹木は、葉などで作られた生産物を、幹、主枝、亜主枝、側枝、葉、根など、体内の至るところに蓄えます。生産物を蓄えることで伸び、太りながら大きくなっていくのです。

　例えば、剪定によって1年分の生産物を取り除こうとした場合、

各部の名称と役割

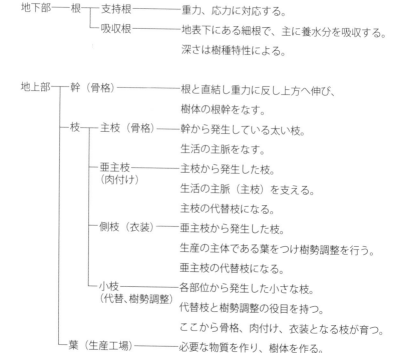

地下部——根┬支持根————重力、応力に対応する。
　　　　　　└吸収根————地表下にある細根で、主に養水分を吸収する。
　　　　　　　　　　　　　深さは樹種特性による。

地上部┬幹（骨格）————根と直結し重力に反し上方へ伸び、
　　　│　　　　　　　　樹体の根幹をなす。
　　　├枝┬主枝（骨格）—幹から発生している太い枝。
　　　│　│　　　　　　　生活の主脈をなす。
　　　│　├亜主枝————主枝から発生した枝。
　　　│　│（肉付け）　生活の主脈（主枝）を支える。
　　　│　│　　　　　　主枝の代替枝になる。
　　　│　├側枝（衣装）—亜主枝から発生した枝。
　　　│　│　　　　　　　生産の主体である葉をつけ樹勢調整を行う。
　　　│　│　　　　　　　亜主枝の代替枝になる。
　　　│　└小枝————各部位から発生した小さな枝。
　　　│　　（代替、樹勢調整）代替枝と樹勢調整の役目を持つ。
　　　│　　　　　　　　ここから骨格、肉付け、衣装となる枝が育つ。
　　　└葉（生産工場）———必要な物質を作り、樹体を作る。

当年枝を詰めるだけでは間に合いません。幹や太い枝に、年輪として蓄えられる生産物も多いからです。

　また、むやみに葉を取り除けば、各部位に分配される生産物が減りますし、分配が偏る恐れもあります。

　樹木は、根から葉までじつに巧妙に仕組まれ、つながっているのです。どこをいつ、どう剪定するのが適切か判断するためにも、各部位の役割やつながりをよく理解しましょう。

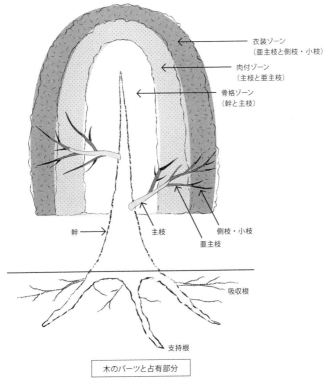

衣装ゾーン
（亜主枝と側枝・小枝）

肉付ゾーン
（主枝と亜主枝）

骨格ゾーン
（幹と主枝）

幹

主枝

側枝・小枝

亜主枝

吸収根

支持根

木のパーツと占有部分

※亜主枝は「副主枝」と呼ばれる場合もあるが、主枝から「分かれたもの」という意味を重視すると「亜〜」という命名法が適切。

27

樹木は葉の光合成で生きる糧を生み出す

光合成による炭酸同化作用

　葉の気孔から吸収した二酸化炭素と、根から吸収した水、それに太陽のエネルギーを受け、葉の中の葉緑体で行われる作用を「炭酸同化作用」といいます。デンプンやセルロースといった糖類など、植物自体の生活に必要な炭水化物が生産されます。

$$6CO_2 + 12H_2O + 光エネルギー \rightarrow C_6H_{12}O_6 + 6H_2O + 6O_2$$

　　二酸化炭素　　　水　　　　　　　　　　　　糖類　　　水　　酸素

　樹木は、光合成によってできた生産物を用い、体を構成する物質を作ったり、生存のためのエネルギーを生み出したりしています。このエネルギーとは、生命を維持し、生存に必要な物質を体内で生産・輸送するためのエネルギーです。

植物にも生物界全体にとっても不可欠な「光合成」

　生産された炭水化物は、その植物自体の有機物質の源になります。また、この炭水化物は、生物界全体の有機物質の源でもあります。植物は、太陽エネルギーの生物界への唯一の取り入れ口であり、光合成は、空気中に酸素を供給する唯一の作用です。

葉は炭水化物やアミノ酸の"生産工場"

　葉は、炭水化物を作り出すための"生産工場"と言えます。葉数の調整も剪定の重要な役割ですが、枝葉を過度に減らすと、場合によってはその樹木にとって死活問題となります。

書 名					
お買上書店	都道府県	市区郡	書店名		書店
			ご購入日	年　　月　　日	

本書をどこでお知りになりましたか?
　1.書店店頭　　2.知人にすすめられて　　3.インターネット(サイト名　　　　　　　　　　)
　4.DMハガキ　　5.広告、記事を見て(新聞、雑誌名　　　　　　　　　　　　　　　　　)

上の質問に関連して、ご購入の決め手となったのは?
　1.タイトル　　2.著者　　3.内容　　4.カバーデザイン　　5.帯
　その他ご自由にお書きください。

本書についてのご意見、ご感想をお聞かせください。
①内容について

②カバー、タイトル、帯について

弊社Webサイトからもご意見、ご感想をお寄せいただけます。

ご協力ありがとうございました。
※お寄せいただいたご意見、ご感想は新聞広告等で匿名にて使わせていただくことがあります。
※お客様の個人情報は、小社からの連絡のみに使用します。社外に提供することは一切ありません。

■書籍のご注文は、お近くの書店または、ブックサービス(☎0120-29-9625)、
　セブンネットショッピング(http://7net.omni7.jp/)にお申し込み下さい。

郵 便 は が き

料金受取人払郵便

新宿局承認

1409

差出有効期間
2021年6月
30日まで

（切手不要）

160-8791

141

東京都新宿区新宿1－10－1

(株)文芸社

愛読者カード係 行

ふりがな お名前		明治　大正 昭和　平成		年生　歳
ふりがな ご住所	□□□-□□□□		性別 男・女	
お電話 番　号	（書籍ご注文の際に必要です）	ご職業		
E-mail				

ご購読雑誌（複数可）	ご購読新聞
	新聞

最近読んでおもしろかった本や今後、とりあげてほしいテーマをお教えください。

ご自分の研究成果や経験、お考え等を出版してみたいというお気持ちはありますか。

ある　　　ない　　　内容・テーマ（　　　　　　　　　　　　　　　　　）

現在完成した作品をお持ちですか。

ある　　　ない　　　ジャンル・原稿量（　　　　　　　　　　　　　　　）

「窒素同化作用」も重要です。おもに葉で起こる作用で、樹木の体を作るアミノ酸、タンパク質などが合成されます。ここでは根から吸収した窒素化合物が使われます。

　こうした炭水化物、アミノ酸、タンパク質などの生産物は、ほかの生物の体を形作る有機物質や、生存のためのエネルギーの源でもあります。私たち人間も、その恩恵にあずかっているわけです。

窒素同化作用

　炭酸同化による糖類と、根で吸収した無機窒素化合物から、アミノ酸、タンパク質など有機窒素化合物を作り出す作用のことを「窒素同化作用」といいます。葉のほか、根や茎でも行われています。無機窒素化合物とは、アンモニウム塩（NH_4^+）、硝酸塩（NO_3^-）などです。植物は、土中の微生物や根粒菌が空中の窒素から作り出したものを、根で取り入れます。

糖類＋無機窒素化合物 ➡ 有機窒素化合物 ➡ 樹木の構造
（アミノ酸、タンパク質など）

剪定で無理なくダイエット

樹木は光合成の生産物を使って"複利"で生長

　葉の光合成などで作られ、体内に貯蔵される生産物は、樹木全体に配分され、各部の生長に使われます。幹や枝、根が伸び、太って、樹形が全体として大きくなっていくのです。

　本書では、毎年の生長量（貯蔵される生産物）を α（アルファ）で表しますが、生長とともに葉が増える間は、α の量自体が年々大きくなります。樹木は、言わば"複利"で生長していくわけです。

"複利"で大きくなる樹形

　当初の樹形の大きさをA、毎年の生長量（生産物）を α で表すと、樹形は次のように大きくなっていく。

　　1年後の樹形　　$A + \alpha_1 = A_1$

　　2年後の樹形　　$A_1 + \alpha_2 = A_2$

　　3年後の樹形　　$A_2 + \alpha_3 = A_3$　（〜寿命となるまで継続）

生産物αに着目して剪定方針を立てる

　生長することは生物にとっては当然のことですが、街路樹の場合は、限定空間に合わせて"ダイエット"してもらう必要があります。生産物 α のうち、枝の貯蔵分を徐々に、適切に除いていくのです。

　限定空間に余裕がある間は、α をあまり取り除かずに良い樹形に育つよう調整する程度、限定空間からはみ出した場合は貯まった α を取り除く必要があります。こうして生産物 α の扱いに着目

すれば、自ずと剪定方針が定まります。

生産物αを残すか、取るか──剪定方針の４つのタイプ

●育成タイプ（αを残しながら剪定）

　　若い樹木は、将来的に目標とする樹形になるよう、生産物を全
　　体に貼り付け（分配し）、樹体を育てていきます。

●維持タイプ（αを全部除去する剪定）

　　樹体が大きくならないよう蓄積分の多い太い枝・強い枝を抜き、
　　次年度以降の分配の受け皿として小枝の育成を図ります。

●縮小タイプ（数年に及ぶαを一気に取り除く剪定）

　　限定空間を超えた場合は、太い枝の枝抜きが必要です。それまで
　　に代替枝を育ててあると、バランスの良い剪定ができます。

●再生タイプ（手に負えなくなった積年のαを取り除く剪定）

　　長年放置すると、姿は良くても場に収まらなくなり、太いとこ
　　ろでブツ切りせざるを得ません。ただブツ切りをしては樹木に
　　大きな負荷がかかります。どのような過程で再生を図るか、十
　　分に検討します。縮小をくり返すなどしましょう。できれば避
　　けたいタイプです。

ダイエットは最低限に──太りすぎの予防にも取り組む

　樹木の健康のためにも無理なダイエットは禁物で、「再生タイ
プ」のような強い剪定は、なるべく避けましょう。剪定は最低限
に抑えるべきです。そのためにも、生産物αがどこにどれだけ貯
まっていくかよく観察し、その樹種らしい姿のまま限定空間の範
囲で生長するよう、バランス良く剪定を進めるのが理想です。

剪定は樹木の生育サイクルに合わせて

樹木の年間サイクルを知る

　樹木は一般に、地上部・地下部とも、生長を冬にいったん休止します。次ページ上の図の破線のとおりで、春先になると、気温の上昇とともに生長を再開します。一方、実線の樹体内エネルギーは夏に向かって減少しますが、これは樹体各部の生長に使われるためです。

　地上部では夏をピークに葉が展開し、盛んに光合成が行われ、生産物が各部に分配されます。地下部は、その分配を受けて生長するため、ピークが少し遅れます。

　秋から冬にかけては生長のための活動が収束する一方、生産物の消費は減り、相対的に、樹木各部に蓄えられる量が増えます。エネルギーが冬に向かって増大していくのはそのためです。

　太い枝をブツ切りにしたり、大きな傷ができた場合は、その修復のためのエネルギーが追加で消費されます。

本格的な剪定は休眠期に

　次ページ下の図の灰色の部分は、冬期に上記の生産物が樹木各部に蓄えられることを示しています。樹木にとって休眠期であり、剪定の適期となります。基本剪定は、樹種にもよりますが、秋から春先にかけて実施します。また夏以降、地上部の生長が落ち着くころには、軽剪定が実施できます。

樹木の体内エネルギーと生長量

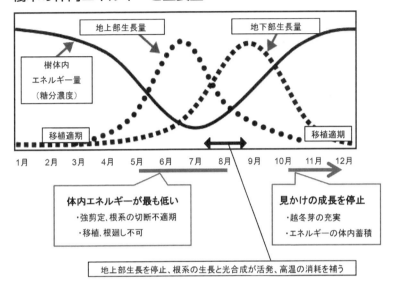

地上部生長量

地下部生長量

樹体内
エネルギー量
（糖分濃度）

移植適期

移植適期

1月　2月　3月　4月　5月　6月　7月　8月　9月　10月　11月　12月

体内エネルギーが最も低い
・強剪定、根系の切断不適期
・移植、根廻し不可

見かけの成長を停止
・越冬芽の充実
・エネルギーの体内蓄積

地上部生長を停止、根系の生長と光合成が活発、高温の消耗を補う

生育のサイクルと剪定の時期

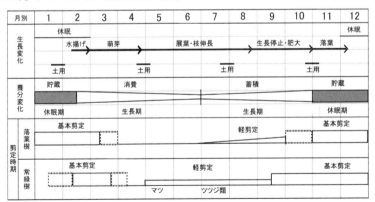

月別	1	2	3	4	5	6	7	8	9	10	11	12
生長変化	休眠 水揚げ 土用		萌芽	土用		展葉・枝伸長	土用		生長停止・肥大 土用		落葉	休眠
養分変化	貯蔵 休眠期		消費 生長期					蓄積 生長期			貯蔵 休眠期	
剪定時期 落葉樹	基本剪定							軽剪定			基本剪定	
剪定時期 常緑樹	基本剪定				軽剪定 マツ		ツツジ類				基本剪定	

※「土用」とは二十四節気の立春、立夏、立秋、立冬の前の各18日間のことをいう。
　古くから土いじりはお休みの期間とされている。

「強剪定」を避け、定芽を生かす「柔らかな剪定」を

「芽の数」を減らすと、「枝の伸長量」が大きくなる

　葉などで作られた生産物は、樹木の体内各部に分配され、樹木の生長に使われます。生産物 a は、幹や既存の枝の年輪の生長のほか、「芽の数」や「枝の伸長量」として使われ、貯まります。

　この「芽の数」と「枝の伸長量」は、「芽の数」が減ると「枝の伸長量」が増え、「枝の伸長量」が減ると「芽の数」が増えるという関係にあります。

"ブツ切り"を避けると、バランス良く生長する

　剪定で枝が減り、それらに付いていた芽が減ると、生産物 a は、残った枝や芽に集中し、生長が偏ります。新たな不定芽も生じやすくなります。逆に、既存の枝や定芽をなるべく残せば、芽の数が保たれて、それぞれの枝の伸長量も抑えられることになります。

> 定芽　枝の先端、葉の付け根など決まった位置に生ずる芽。前年に準備され、時期を迎えると伸びはじめる。
>
> 不定芽　普通は芽が出ないところから生ずる芽。幹、枝の年輪の形成層は"隠れた芽"を内蔵している。生産物が不足するなど、生活に危機を感じると、当年枝を出して葉を付ける。「胴吹き」も不定芽です。

　枝を「切詰」（ブツ切り）にするような「強剪定」は、偏った生長の原因となります。一方、切詰や過度な刈り込みを避けた「柔らかい剪定」を施すと、バランスの良い樹形となります。

「強剪定」後の胴吹き枝発生　　定芽を生かした「柔らかい剪定」

　毎年、細い枝を切除する剪定を続けると、残った大きな枝がさらに生長し、それを限定空間に収めるには「強剪定」による「再生タイプ」を選ぶことになります。樹木は、傷の修復や不定芽の発芽などにエネルギーを使い、健康を損ねるという悪循環に陥ります。一方、太い枝を切る場合も、残せる代替枝があれば、「柔らかい剪定」による「縮小タイプ」を選ぶことができます。

伝統の技に学ぼう①
盆栽——「限定空間」で樹形を保つ剪定技術

　日本人は江戸時代までに盆栽文化を確立しました。技巧の極みを尽くして、鉢の中の小さな世界に自然の風景を創りだし、庭先や床の間を飾りながら、凝縮された景色を愛でてきたのです。

　樹形が数十年以上にわたって保たれる場合も、けっして少なくありません。自然界ではかなりの大木に育つはずの年月にわたり、小さな鉢という「限定空間」に収められているのです。

　盆栽文化を支えてきたのは、古くから引き継がれてきた高い剪定技術です。その基本は、懐枝となる若い芽をたくさん残すことです。懐枝を、樹木の「骨格」を担う「代替枝」として育てれば、外向きに強く伸びる主枝があっても、それを詰むことができます。こうして、樹形全体を一定の大きさにとどめるのです。

　代替枝を残しつつ強い枝を詰めると、溜まった生産物を適切に取り除くことができ、枝葉を切ると新たな生産物の蓄積が抑えられ、ダイエットにつながります。

　盆栽の世界では、樹木を限定空間に収める技術が確立されています。街路樹剪定には、手本になる頼もしい先例があるのです。

杜松模様木・銘「紫龍」（平成21年7月）
写真：小泉薫氏提供

第 3 章

樹木に間違ったメッセージを送る
不適切な剪定法

無理な剪定に苦しむ街路樹

ブツ切りは樹木にとって緊急事態

　私たちは、とくに気にもせず、大きくなりすぎた太い枝を途中で切り詰めていますが、樹木にとってはまさに青天の霹靂です。活動期であれ休眠期であれ、樹木はその対応に追われます。

　枝では生活を担うための葉が減らされ、根では吸い上げた水分や養分の供給先がなくなり、まさにパニック状態です。

　樹木は、ホルモンを総動員して生き延びようとします。根からは、ホルモンを通じて、「緊急に葉を付けろ」という指令が樹木各部に伝えられます。不定芽は、これに応じて生じるのです。

　樹木は、必死にエネルギーを費やし、事態をしのごうとしますが、それがたびたび起こると、活力は低下に向かいます。防御力は弱り、切り傷や根の壊死部に腐朽菌が取り付いたり、衰弱をかぎつけた虫が取り付いたりして、ますます活力が奪われます。

コブは傷がふさがっても一生残る

　鋏や鋸の切り口そのものは、樹木にとって大きな傷です。樹木は無理な剪定に傷つき、苦しんで、悲しみ、怒っているはずです。

　枝を切られると、樹木は自ら「カルス」と呼ばれる癒合組織を作り、切り口を覆いはじめます。これはしばしば肥大化し、コブとして残ります。カルスに通常より多くの生産物が集まって、腫れ上がったような格好となるのです。幹から細い枝が生え、枝自体もつけ根から徐々に先端が細くなるという理にかなった姿が乱され、景観的にもかなり不自然な印象を与えることになります。

　同じ所で切詰剪定を続けると、コブが生じる一方、その周りに

いくつも不定芽が生じ、細い枝や長く伸びた徒長枝となるのは、樹木の生活にとっても、景観上からも、好ましいことではありません。徒長枝は3つのパーツのうち衣装に当たりますが、骨格に当たる主枝に対し、中間の肉付けなしで直接衣装をまとうことになり、配置のバランスが悪いのです。

　肉付けに当たる亜主枝が育ち、その先に当年枝などが伸びれば、その樹木らしい姿に戻ることもありますが、何年もかかります。

樹木は「こんなところにいたくない」

　どれだけ生きづらくても、樹木はその場から逃げられません。構造物で仕切られた過酷な環境に置かれ、限定空間に収められ、さらに剪定で苦しめられているのが、多くの街路樹の現状です。樹木たちにしてみれば、「本当はこんなところにいたくない」というのが本音ではないでしょうか。

モミジバフウ
主枝だけが
残された剪定

イチョウ
コブのできてしまう剪定

イチョウ
小枝を残さずに剪定され
主枝から直接、新葉がで
ていて本来の姿ではない

樹木のメッセージを正確に受け取ろう

樹木は私たちにメッセージを発している

　街路樹の懐枝や小枝を切除してしまう理由は、おもに外形線の内側の風通しを改善するためでしょう。また、主枝の切詰は、限定空間からのはみ出しや、落葉落枝の削減に手っ取り早く対応できるからでしょう。すると、樹木の側では、あちこちに不定芽を生やします。「葉が足りない。これでは生活できない」というメッセージを発しているのです。

樹木の声に耳を傾けよう

　樹木の苦しみは、樹形の崩れに表れます。不定芽や徒長枝が伸び、コブが大きくなるのも、理由のあることです。「生き物として必要なことができない」という訴えです。私たちは、そのメッセージを的確に把握しなくてはなりません。

「なぜ、そんなところで切るの？」

せっかく伸ばした主枝を切るなんて！

急いでほかの枝を伸ばさなきゃ！

臨時の枝を出すしかない！

体力が奪われる！

「ブツ切りは不定芽がでるぞ！」

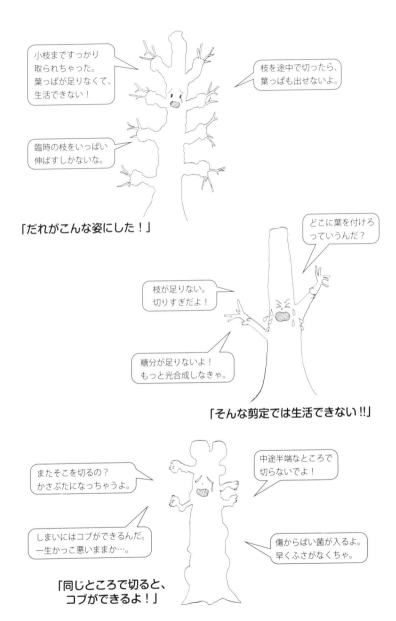

「だれがこんな姿にした！」

「そんな剪定では生活できない‼」

「同じところで切ると、
コブができるよ！」

姿の乱れは「自然な暮らし」ができない証拠

野山でも都会でも、樹木が従うのは自然の摂理

　野や山には植物同士の競争があります。しかし、それも自然の摂理であり、草木はそれに身を委ね、自分たちでバランスを保とうとします。自然の摂理に従おう、受け入れようとするのは生き物の本能であり、街路樹の場合もまったく同じです。

剪定で紅葉も遅れる？──乱される樹木の生活

　紅葉する樹種なのに、初冬を迎えても緑色のまま。そうした季節感のずれた街路樹が、とくに都市部で多く見られます。気候の温暖化や、都市のヒートアイランド現象の影響が指摘されています。しかし、隣に紅葉済みの樹木が並んだ光景も珍しくありません。同じ種でも、季節変化に差が生じているのです。

　枝葉をよく見比べれば、紅葉の遅い樹木には、たいてい「強剪定」の跡が見られます。主枝のブツ切りや懐枝の切除で葉が急激に減れば、残った葉はフル稼働せざるをえません。葉が緑のままなのは、まだまだ光合成しつづけたいからでしょう。

樹形の違いと黄葉時期の違い

切らなくて良い場合もたくさんある

樹木の生活を改善する剪定を

　自然に育つ無剪定木と剪定された木とを比べると、下のような違いがあります。無剪定木は、葉も枝も無理のない姿を見せます。大きな空間で生活し、外形線の内部に葉を付ける小枝がたくさんあり、生産物の分配先もたくさんあることが、おもな理由です。

《無剪定木》		《剪定木》
紅葉が早い	←→	紅葉が遅い
葉の大きさが小さい	←→	葉が大きい
枝の伸びが短い	←→	枝が太く強く伸びて長い
枝が横へ広がる	←→	枝が上方へ向く

　限定空間で生きる街路樹にも、できるだけ光合成のできる状況をつくってあげる必要があります。まずは、切らなくて良い枝もたくさんあることを知ってほしいのです。

強剪定による勢いのある強い枝（上を向いている）

無剪定木の当年枝は短い（横に広がる）

自然と触れあい、感性を養おう

　私は神奈川県、相模川支流の小出川源流域となる農村に生まれ
育ちました。そこには畑、たんぼ、里山、小川など、子供たちが
遊び回る豊かな自然がありました。里山では芽を出したばかりの
ヤマユリを見つけては、自分の花壇に植えたものです。夏には降
り注ぐお日様のもとでカブトムシ取り。川に素足で入っても何の
危険もなく、日の暮れるまで魚を釣り、釣った魚を飼うこともあ
りました。晩秋には凛とした空気の中でのキノコ取り。冬の凍て
つく寒さの中でも、元気いっぱいに薪作りの手伝いをしました。

　これは、昭和30年代まで、日本のどの地方でも見られた風景で
す。多くの生物が輝いていたと、私には思い返されます。

　十数年前、ドイツへ環境視察に行きました。ドイツでは生ゴミ
の堆肥化施設やエコ住宅、ビオトープなどを見てまわりましたが、
エコロジー（生態学）の徹底ぶりが印象的でした。エコ住宅を訪
ねると、屋根は草屋根、外壁は板張り、カーポートは木製、囲い
は生垣、周囲の道路は砂利敷きです。また、東西ベルリンの壁の
撤去後は草地のビオトープが作られていました。

　今、生物の多様性に対する問題が盛んに提起されており、多く
の生物が生存できる環境づくりに、より智恵を出すべき状況があ
ります。私たちも生き物の生活（生態）をよく知り、学び、生き
物との共存を意識すべきでしょう。

　自然界から日々受ける刺激は、私たち人間の感性を豊かにして
くれるものと確信しています。子供たちの未来のためにも、感性
を育んでくれる豊かな自然を維持するのは、大人の大きな責任で
はないでしょうか。

第 4 章

健全で美しい樹形を
実現する剪定

——手本は自然樹形

樹木に適切なメッセージを伝える

「この限定空間で生きて！」──樹木に誤解なく伝えるには

　街路樹の剪定にあたっては、「この限定空間で健康に生きてほしい」という明確なメッセージを樹木に送り、意図したとおりに受け止めてもらわなくてはなりません。

　それには、樹木に "生活" を "保障" してあげる必要があります。樹形を限定空間に収めながら、十分に葉が付くよう枝を残し、どの葉にも日光が当たりやすい枝ぶりとする──こうすることで、「これだけ光合成できれば、ここでも生きられる」というように、安心を感じてもらうのです。

主枝を限定空間に収めるには？

例①　主枝は、放置すると限定空間を超えて伸びていき、亜主枝、側枝、小枝が次々に発生し、枝のバランスは良くなるが、主枝はどこまでも伸びていく（理想的なバランス）。

例②　主枝を切り詰め、亜主枝・小枝も切除すると、樹木は葉が足りず生活できない。主枝の先の切り口には当年枝が生え、太く強く伸び、限定空間を超えていく。

例③　亜主枝を代替枝として主枝を切り返す。すると、側枝が生長し、たくさんの葉をつけ、限定空間の中で安定した生長を続ける（好ましい剪定）。

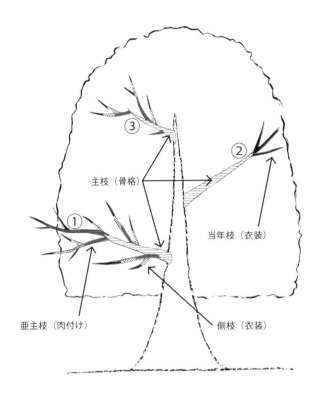

主枝（骨格）

当年枝（衣装）

亜主枝（肉付け）

側枝（衣装）

「生長させつつ限定空間に収める」という矛盾を解消する

　樹木が健康に生活するということは、幹や枝を伸ばし、太らせ、生長していくということでもあります。そのうえで限定空間に収まってもらおうというのですから、要望が矛盾しています。

　しかし、生長させつつ限定空間に収まるよう、枝の伸び方を方向付けたり、樹勢を調整する方法はあるのです。

　前章まで見てきたような樹木の性質や生理を知れば、けっして無理な要望ではありません。

樹木の現状を把握する

剪定する前に樹木をよく観察する

　樹木の体内で病虫害が進行している場合、剪定法によっては体力を奪うことになって、病虫害を悪化させる恐れがあります。剪定よりも、その対策を優先すべき場合もあるため、健康度のチェックは欠かせません。

　異状が見つかれば、必要に応じて剪定の計画を見直します。

樹木各部の健康度をチェック

《幹の根元》

○地際に根張りと呼ばれるふくらみがない（根が深く張っている場合を除く）。

　→深植、余盛によって発生。樹勢低下の恐れあり。

　→葉密度の低下、葉の縮小、梢端枯れなどが発生する。

○キノコが発生。

　→根の切断処置の不備、樹勢低下によって発生。

　　ベッコウタケ（根株心材腐朽菌）が多い。

　→根や幹の腐朽が進む恐れがあり、要注意。

《幹》

○幹がグラグラ揺れる　→根に何らかの障害あり

《枝》

○枯れ枝が多数。梢端枯れが発生　→根に何らかの障害あり

目標とする樹形に現状の評価を反映する

現状の評価から出発

　現状の樹形や樹勢は、はたしてベストな状態か？　街路樹剪定はまずその疑問から出発し、対象となる樹木や沿道について、一から確認します。限定空間で健康に生きてもらうことを前提としながら、樹木の状態、周囲の状況に応じて方針を立てます。

樹形・限定空間の確認から管理目標樹形の設定まで

①樹形の現況を確認

　　確認・計測事項＝《街路樹の生育状況》《樹高》《枝張り》

②街路樹周辺の状況を確認し、**目標樹形の枝張り、高さを設定**

　　確認・計測事項＝《歩道・車道幅員》《街路樹の植栽間隔》
　《架空線の有無》《周辺の構造物などの状況》

　　→目標樹形の具体的な樹高・枝張り比を決定する。

③**管理目標樹形を設定**

　　→①・②に応じ、水平面・垂直面の樹形タイプを選定する。

○水平面→《標準タイプ》《歩車道不均一タイプ》《道路平行
　方向拡大タイプ》

○垂直面→樹木と空間の現状を考慮→周辺環境に応じて必要
　な緑量を設定→最良の形状を選定（ビル街では高めに、住
　宅街では日照を考慮した高さに……など）

④**剪定樹形（寸法）を決定**

　　→毎年の枝の伸長量を差し引く→剪定頻度を検討

標準木のプロポーションを樹形の参考に

標準木の「プロポーション」を把握する

剪定対象の街路樹の列から、標準的な樹木を１本選んで、樹形作りの参考にします。この「標準木」の「樹高」と「枝張り」を計測し、その「比率（プロポーション）」ｆを算出します。

> **樹高・枝張り比 ｆ＝標準木の枝張り÷標準木の樹高**

このｆを、剪定する各樹木のプロポーションをそろえる目安の一つと考えます。

プロポーションを用いて樹高の上限の目安を把握

標準木のプロポーションｆを適用する場合、限定空間の中でどれだけ樹形を大きくできるか、その上限を求めます。まず枝張りを確かめます。伸長可能な枝張りは、次ページの図のように、歩道の幅や建物との間隔から決まります。次の式では、片方の枝張りを求めた後、それを２倍して、枝張り全体の値としています。

> **伸長可能な枝張りW＝（歩道幅員－dx－C）×2**

このWに対し、樹高をいくらに抑えればプロポーションをｆに保てるか。その最大樹高は、ｆを求めた式から逆算できます。

最大樹高H＝伸長可能な枝張りW÷樹高・枝張り比 f

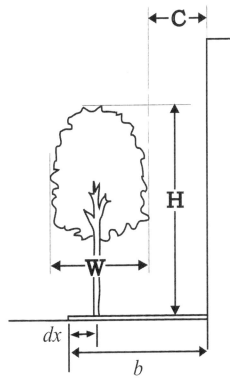

樹形タイプ区分	f：望ましい樹高・枝張り比（目安）
円 錐 型	0.3～0.4
卵 円 型	0.4～0.7
球 型	0.5～0.7
盃 型	0.5～0.7 1.0～（ソメイヨシノ）
枝垂れ型	0.7

（一社）日本造園建設業協会街路樹剪定ハンドブックより

　こうしたｆやW、Hの値を参考としながら、必要な緑量や周囲の建築物、構造物の状況など、あらゆる条件を考慮して、管理目標樹形を設定します。

３つのパーツを整え、美しく自然な樹形に

３つのパーツは欠かせない樹木の要素

　幹と主枝からなる「**骨格**」に亜主枝で「**肉付け**」して、側枝・当年枝の「**衣装**」をまとわせる。こうして要素ごとの役割を意識すると、樹形の美しさや、それを実現する道筋が明確になります。

幹から枝への流れを整え、健康と美しさを両立

　樹木は自ら大小の枝を伸ばし、生活のための葉を付け、効率よく光合成しようとします。その過程で、自然に美しさが備わるのです。幹から主枝、そして細い枝への流れに安定感があり、無理のない姿に整えることが、健康と美しさを両立させる基本です。

３つのパーツのバランスを整え、美しい樹形に

《骨格づくり》幹と主枝のバランスを整える

　幹と主枝は樹木の骨格です。幹に対して主枝の数や配置、長さを程良いバランスに整える（間隔、方向、角度）。太い主枝部（主枝から先端の当年枝などを除いた部分）の長さは、外形線の半分以下が望ましい。

《肉付け》主枝と亜主枝のバランスを整える

　亜主枝は柔らかい姿を作る仲立ち役。長すぎる主枝の代替枝としても役立つ。亜主枝の確保は、こうした枝バランスの調整のほか、葉数の確保にもつながるため、方向性の良いものをできるだけ残して育成する。

《衣装を着せ美しく》亜主枝と側枝・当年枝のバランスを整える

　側枝や当年枝は、樹木の表情を豊かにし、柔らかさを醸しだす主役。亜主枝が強すぎる場合は側枝を利用して切り返し、樹形を保つ。樹勢調整のほか、葉数の確保にもつながるため、方向性の良いものをできるだけ残して育成する。

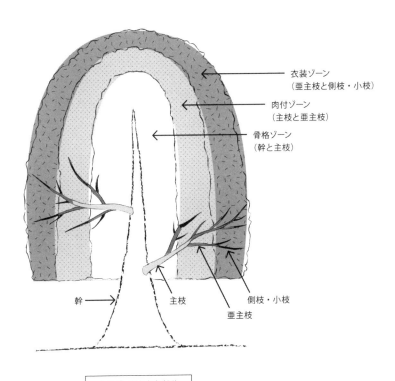

衣装ゾーン
（亜主枝と側枝・小枝）

肉付ゾーン
（主枝と亜主枝）

骨格ゾーン
（幹と主枝）

幹

主枝

側枝・小枝

亜主枝

木のパーツと占有部分

基本は「骨格づくり」——主枝は何本が適切か？

適切な主枝の本数の求め方

　街路樹１本の幹から伸びる主枝は、何本程度とするのが適切か。その本数を求めるには、垂直面、水平面で見た場合の適切な本数をそれぞれ算出したうえで、この２つの値にもとづき、総合的に判断します。

主枝を伸ばせない部位を外して検討

　街路樹の場合は「建築限界」があり、歩道・車道から一定の高さまでは空間を空けておく必要があります。また、樹冠の頂部は主枝で形成され、幹はその根元で終わっていると見なされます。

　これら２つの部位には、もともと主枝を伸ばすことができません。そのため、まず２つの部位を除いた樹高、つまり「頂部」と「歩道の建築限界高」を除いた「有効樹高」ｈを算出します（車道側の建築限界については59ページ参照）。

有効樹高ｈ＝樹高Ｈ －（頂部ａ＋歩道建築限界高ｂ）

　頂部ａ ＝1.0〜1.5m（目安）
　　頂部1.0〜1.5mは、幹から出た主枝と見なして除外。
　歩道建築限界高ｂ ＝2.5m（基準に応じた定数）

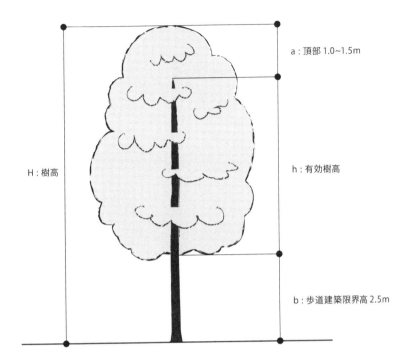

a：頂部 1.0〜1.5m

H：樹高

h：有効樹高

b：歩道建築限界高 2.5m

骨格づくりは育成段階から始めよう

　剪定には、「苗木を植え付け、ある程度の高さに生長するまでは不要」という考え方もあります。しかし、街路樹の場合は生長できる高さや枝張りに制限があり、それが当初から決まっています。樹形の方向付けは、早いに越したことはありません。

　そのため、最初から目標とする樹形を明確にし、育成段階から剪定に着手すべきです。段階を追って剪定を進めれば、将来的に、大がかりな枝おろしや透かしを施す必要もなくなります。そうすることで樹木自体の負担も管理の手間も軽減されます。

水平面・垂直面の主枝数の目安

主枝の占有範囲どうしの競合を避ける

　樹木の主枝からは、亜主枝や側枝などが、まさに " 樹形図 " や " うちわの骨組 " のように、上下左右に枝分かれして広がっています。本書では、１本の主枝と、そこから枝分かれした一群の枝が広がる範囲を、その主枝の「占有範囲」と呼びます。

　ある主枝の占有範囲が、ほかの主枝の占有範囲と大きく重なると、日当たりや枝の配置バランスなどの点で支障が生じます。とくに空間の限られた街路樹の場合は、樹木の生活にとっても景観的にも無理が生じる結果となります。

　こうした競合を避けるには、主枝の数を一定以下に抑える必要があります。まず、占有範囲を水平面、垂直面に投影した「占有面」について、それぞれ適切な主枝数を算出します。

垂直な占有面の主枝数の目安は？

　次ページの図のように、樹木を真横から見た垂直断面について考えます。さらに、有効樹高のいちばん下に生えた主枝を想定し、その占有範囲を投影します。この主枝の占有範囲は、およそ図中のような三角形で表すことができます。

　この主枝より上部の主枝についても同様に三角形を描いた場合、三角形が互いに重ならなければ、占有範囲の競合は避けられます。有効樹高の間に、この三角形をいくつ重ねられるか算出し、適切な主枝の数の目安とします。

　そのためには、三角形の高さを求める必要があります。これを「主枝の占有部分の高さ」とし、「枝張りの長さ」と「主枝の占有

角」から、三角関数を用いて算出します。ここでは、占有角が30度の場合と45度の場合について示します。

枝張りの長さをLとすると、主枝の占有部分の高さ ℓ は、
占有角が45度の場合（二等辺三角形）　→　$\ell = L$
占有角が30度の場合　→　$\ell \fallingdotseq 0.67\,L$

有効樹高とこの占有部分の高さから、垂直面の適切な主枝数を算出。

垂直面の主枝数A＝有効樹高h÷主枝の占有部分の高さ ℓ

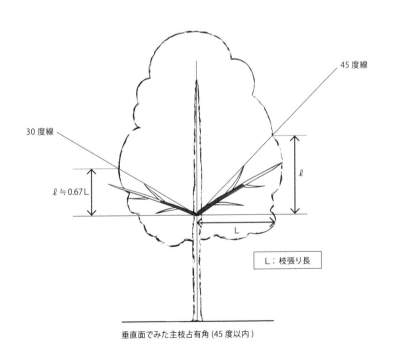

垂直面でみた主枝占有角 (45度以内)

水平面の主枝数の目安は？

　水平面で見た場合、きれいに見える配置は、隣り合う枝の角度が80〜90度前後の場合です。これを水平面の主枝の占有角として、幹の周りを何分割できるか計算します。

水平面の主枝数B＝円の中心角÷主枝の占有角

　　　　　　＝360度÷［80〜90度］

　　　　　　＝4〜4.5本（目安）

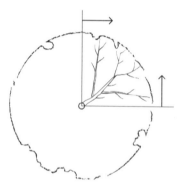

水平面でみた主枝占有角（90度前後）

主枝の占有角が急な場合は剪定で調整

　剪定は各樹種の自然樹形を基本とします。全体に主枝の占有角（垂直面）が大きな樹種もありますが、一部の主枝のみが立ち上がっている場合は、切返剪定（73ページ参照）によって、緩やかな亜主枝などで代替します。主枝の側面や下面の枝から代替枝を選び、分かれ目で主枝を切って、代替枝のほうを育てるのです。

全体の主枝数を総合的に判断

水平面・垂直面の計算結果に補正を加味

　ここまでに算出した垂直面の主枝数Aに、水平面の主枝数Bをかけると、全体の主枝数の目安が算出できます。さらに、樹種ごとの樹形の特徴や、歩道・車道の形態といった条件に応じて総合的に判断し、目標とする全体の主枝数を決定します。

　計算上は、おもに次のような補正を加えます。

補正を加味し、全体の主枝数を決定

全体の主枝数C＝（垂直面の主枝数A×水平面の主枝数B）× 重なり係数－車道側補正

重なり係数（目安は1.3〜1.5程度）

　A・Bは枝ごとの占有部分が重ならない前提で算出するが、自然な状態では、ある程度の重なりは許容せざるをえない。通常、3割程度は重なるものとして、重なり係数1.3をかける。樹種によっては5割程度まで許容。

車道側補正（目安は1程度）

　車道側建築限界高は4.5mで、歩道側建築限界高2.5mより2m高い。この間には主枝を伸ばせないため、あらかじめその分の主枝数を引く。通常は1本程度。

主枝数の目安の計算例

樹高10m、枝張り4m（枝張りの長さ＝4÷2＝2m）、枝の占有角度45度の樹木の場合、頂冠部＝1.0〜1.5mとして、

有効樹高 h ＝ 10m −（[1.0〜1.5m]＋2.5m）＝ 6〜6.5m

垂直面の主枝数 A ＝ [6〜6.5m] ÷ 2m ＝ 3〜3.25本

水平面の主枝数 B ＝ 4〜4.5本

以上の計算から、

全体の主枝数 C ＝ 1.3×([3〜3.25] × [4〜4.5]) − 1

＝ 14.6〜18本

必要な主枝数の目安は15〜18本となる。

（占有角が30度の場合は、この結果の約1.7倍）

主枝数が多い場合は減らし、少ない場合は育成する

　こうして算出した目安より現状の主枝数が多く、実際に内部、つまり外形線より内側で小枝が枯死している場合は、主枝を減らします。主枝が少なすぎ、実際に既存の主枝の間が空いていると感じられた場合は、幹から出ている枝を主枝として育成します。

亜主枝で骨格に「肉付け」し、代替枝も確保

肉付けのために亜主枝を残し、小枝も育成する

幹と主枝からなる「骨格」に対し、主枝から枝分かれした亜主枝で「肉付け」されることで、樹木らしい樹形が整います。立枝や逆枝、交差枝などを除き、方向性の良い枝は基本的に残します。将来、亜主枝になりそうな小枝も残し、育成します。

代替枝でもある亜主枝──将来の"選択肢"を増やす

長く伸びすぎた主枝は、亜主枝が枝分かれしているところで切り返し、亜主枝を代替枝とするのが望ましい手法です。その候補となる枝を多くそろえる意味でも、亜主枝をできるだけ残します。

- 枝バランスを良くするために、なるべく多くの亜主枝が必要
- 長すぎる主枝を方向性の良い亜主枝の位置で切り、主枝の交代を図る
- 方向性の良い小枝を残し、育成する（生活のための葉数確保）

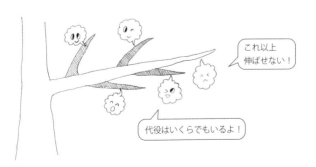

側枝・当年枝で柔らかな「衣装」を

柔らかさをもたらし、葉数確保のためにも重要

　骨格・肉付けの外側には、「衣装」を着せます。主枝や亜主枝から伸びた側枝・当年枝が「衣装」であり、樹形に柔らかさを加えます。葉数の確保のためにも重要で、亜主枝同様、方向性の良いものは基本的に残します。

側枝・当年枝で衣装を着せる

○側枝・当年枝を程良い長さで残しつつ剪定し、柔らかで美しい樹形に。

○方向性の良い側枝・当年枝を複数育成。樹木に現在の生活のための葉数を確保させるとともに、樹勢調整や、剪定作業の選択肢の確保のためにも、複数残す。

○とくに亜主枝が強すぎる場合、側枝を代替枝として切り返し、樹形を保つ。

懐枝の淘汰は樹木に任せる

　とくに懐枝となったものは、日当たりや風通しを良くする名目で取り払われる傾向にありますが、たいていは樹木自体が対処します。枝が密に伸び、葉が重なりあうようになると、重要でない枝には養水分を送るのをやめ、自ら枯らしてしまうのです。

　樹勢調整などに関係するため、残す方針とします。

【剪定テクニック①】
大きく育てるには懐枝を抜く

分配はこちらが優先だよ！

　　樹木が生産物を蓄える場所として枝があり、生産物の増産を図ることのできる枝にはさらに役割が与えられる。
　　樹形を全体に大きく育てる場合は、内部の懐枝に生産物を蓄えて太らせるよりは、樹体拡大につながる太い枝、強い枝に生産物を蓄積したほうが良い。したがって、懐枝の整理・除去が必要。

【剪定テクニック②】
強い枝を誘導する

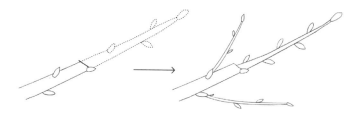

　当年枝の太い枝、強い枝を枝の途中で切ると、より強い枝の発生につながる。残したい枝にもう少し強く伸びてほしい場合は、枝の分かれ目や定芽が発芽した箇所で切ると、さらにしっかりした枝の発生が見られる（カシ類は別）。

【剪定テクニック③】
小枝を残さずに剪定すると枝は外に向かって大きく伸びる

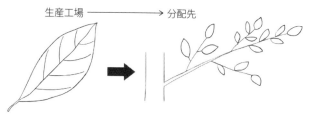

生産工場 ⟶ 分配先

葉で生産物をつくり、どこへ分配しようかな？

　樹木は、光合成によってできた糖類を樹体のどこに分配するか、つねに考えている。枝が少なければ、残された枝により多くの分配が行われ、大きく伸びるようになる。

【剪定テクニック④】
枝（葉）は陽を求めている

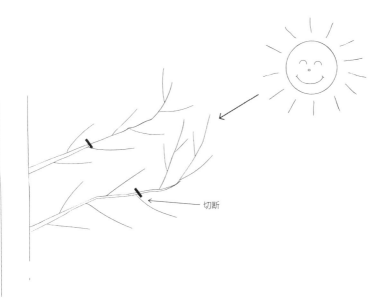

切断

　葉が生産物を作るには日光が必要。枝が上向きになると勢いを増し、生長が早くなります。すると、その上にある枝は、下から伸びてきた枝で日陰になるのを嫌い、枝をさらに上向きに伸ばして、日光を求め互いに競争する。また、内部が日陰になりやすく、小枝の生長が妨げられる。

　こうした上向き枝は早めに切り返して、代替枝を水平方向に向けて伸ばし、内部に日光が入るようにして、小枝の育成につなげると良い。

【剪定テクニック⑤】
限定空間で安心して生活してもらう

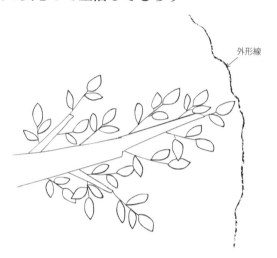

外形線

樹木の生活を成り立たせる基本要素の一つは「葉」です。葉の生産物で樹木は大きくなり、太っていきます。剪定で葉量を増減させると、樹勢を強めたり弱めたりすることにつながるのです。そのため、剪定にあたっては、限定空間の中で次のことが可能となるよう、よく考える必要があります。
①新たな葉がたくさん付く小枝を十分に残せるか。
②生産物を蓄える枝などが生育しているか。小枝が太って大きくなり、生産物を十分蓄えるまでには年数がかかる。
③生産物をたくさん蓄えた太い枝、強い枝があるか。将来的に樹形が限定空間を超えそうになった場合に、そうした枝を間引いて樹勢を落ち着かせる、という選択肢を残す。

管理計画書を書ける剪定士に

目標とする樹形を考える

　目標の樹形を設定するということは、この樹木の生存空間を設定するということです。あまり狭い空間に収めようとすると、かえって樹木は暴れてしまいますので、注意が必要です。

　設定するには、以下の順序で考えると良いでしょう。

管理目標樹形の設定プロセス
① 樹形の確認
② 緑化空間の現状を把握し、樹形へ反映させる
③ 管理目標樹形の設定
④ 剪定樹形（寸法）の決定

　①では、街路樹の現状の樹高と枝張りを計測します。

　②では、緑化空間の現状を把握します。そのポイントは４点。「歩車道幅員」「植栽間隔」「架空線の有無」「周辺の状況」です。その限られた範囲で、可能なかぎり緑豊かに育った理想の姿をイメージします。

　③では、①②を踏まえ、目標とする「管理目標樹形」を設定します。次ページのように、いくつかのタイプがあります。

　③で決まった樹形が理想の形ですが、そのまま作るのではなく、将来的に実現するイメージで剪定します。

　理想形を何年後に実現するか、剪定頻度をどうするか考慮して、それまでの毎年の枝の伸長量を差し引き、現段階で目標とする樹形と、剪定する寸法を決定します。

管理目標樹形を設定する

　管理目標樹形の設定にあたっては、その樹形の各部の寸法を具体的に示した管理目標図を作成します。まず歩道幅に応じて、枝を伸ばせる長さが決まります。さらに周辺の状況や樹種などを考慮して、樹高や枝幅を調整し、最終的な目標図を描きます。

　樹形を水平方向に投影した平面図には、以下のように、いくつかのタイプが考えられます。条件や目標に応じて選択します。平面タイプが決まったら、立面の姿をイメージします。

平面タイプを選び緑量の増大を図る（平面図）
①円形タイプ（標準タイプ）
　樹木を平面で見た枝の張り方は基本的に円形で、どの方向から見ても美しい樹形となる。円形がまだ小さな樹木はバランス良く剪定し、大きな円形に整える。
②変則円形型（歩車道不均一タイプ）
　歩道幅が狭い区間で緑量を増やしたい場合は、歩道側の枝張りを抑える一方、車道側の枝張りを十分に取る。
③楕円形型（道路平行方向拡大タイプ）
　円形では緑量が少なくなり、車道側の枝張りも十分取れない場合は、道路に平行な方向に可能な範囲で枝を伸ばす。

立面でも緑量の増大を図る（立面図）
　平面形で緑量の増大を図ると同時に、垂直方向でも樹高で緑量の増大を図る。周辺の状況や路線の位置づけ、樹種の特性を考慮に入れ、樹高、枝幅をそろえる。

高い建物には大きな街路樹が似合う

第5章

限定空間で樹形を
整える剪定手法

「切る剪定」と「切らない剪定」を組み合わせる

小枝を残して葉を残すと樹勢が落ち着く

　小枝を取りすぎると、葉を付けられる枝が減り、葉の生産物が減りますから、樹木は慌てて既存の枝を徒長させ、新たな葉を付けようとします。その結果、樹木は疲れ、樹形のバランスも崩れます。樹木に限定空間で生きてもらうには、その空間に樹形を収めながら、小枝を残し、葉を十分に展開させる必要があります。

小枝の残し方と樹木の生長の関係
○小枝を多く残すと葉量も維持される
　→　葉の生産物が維持され、その分配先も多い
　→　樹木全体がバランス良く、落ち着いて生長
○小枝が減ると葉も減る
　→　葉の生産物が減り、その分配先も偏る
　→　新たな葉を付けようと強い枝、太い枝が徒長を起こす

「切らない剪定」も欠かせない

　以上のことから、街路樹の管理には、枝をあまり「切らない剪定」も欠かせないのです。「切る剪定」の場合も、葉をつける小枝をできるだけ残す必要があります。

《枝を切らない剪定》枝の配置をよく見て判断
○主枝・亜主枝・側枝から伸びる小枝のうち、外形線より内部のものを育成する。つねにこうした小枝を育成し、主枝

などを切る際の代替枝としても役立てる。

○枝バランスと樹木の生理を考慮し、あえて枝を残す。必要
に応じて、樹勢調整に役立てる。

《枝を切る剪定》代わりとなる枝を育成

○限定空間に収まらない枝、勢いの強い枝や太い枝を外形線
内部で切除する。ダイエットの目標に見合う分を取り除く。

○枯枝、病虫害枝のほか、樹形を乱す枝を切除する。

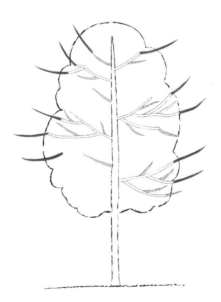

	代替枝	強い枝、太い枝は外形線より内部で枝を切除する
	育成枝	育成枝を残すことによって強い枝を切ることができる

剪定の3つの基本手法

「切詰剪定」「間引剪定（枝抜剪定）」「切返剪定」

　まず身につけるべき剪定手法は、「切詰剪定」と「間引剪定（枝抜剪定）」、「切返剪定」の3種です。

　目標とする樹形が明確になっていれば、これらの基本手法の組み合わせで、さまざまな場面に対応できるでしょう。手法を学ぶには、それぞれの目的を理解することが重要です。

切詰剪定

　切詰剪定は枝先を揃えるために長い小枝の外芽の位置で切ることを言います。これには一定の大きさで切り詰める刈込みや、太い枝の芽のない所で切るブツ切りも含まれます。樹木は強いブツ切り剪定を受けると、それまでの生活が一変します。枝の切断にともない、根系は役割が減少し、壊死部分ができます。さらに生産を担う葉も減ることから、休眠芽の発生を促すホルモンが働き、新しい枝を出して葉を付け、一日も早く通常の生活に戻ろうとします。

　ブツ切りのような切詰剪定で再生が必要となる前に、限定空間に合った樹形を維持し続けることが重要です。

剪定手法1　切詰剪定

長い枝を一定の所で切る剪定方法
（当年枝から太い枝まで対象）
代替枝がないところで切ることを「ブツ切り」という

剪定前　　　　　　　　　剪定後

間引剪定と切返剪定

　間引剪定と切返剪定は、鋏を入れる箇所が似ていますが、目的に違いがあります。

　間引剪定の目的は枝葉密度の調整です。大枝から小枝まで、目標とする樹形や樹勢に応じ、枝の分かれ目で切ります。一方、切返剪定の目的は樹形の縮小です。方向性が同様の枝の分かれ目で、長いほうの枝を切除する剪定です。

剪定手法2　間引剪定（枝抜き剪定）

不要枝をその分かれ目から切り除く剪定方法（当年枝から太い枝まで対象）
太い枝を間引く場合、切返剪定を兼ねることが多い

剪定前　　　　　　　　　　　　　剪定後

剪定手法3　切返剪定

樹形の特性を残しつつ、主に縮小する場合に用いる剪定手法
同一方向性の枝を残し、その分かれ目で太く、強く、長い枝を切る

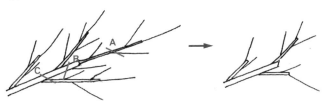

剪定前
主枝が伸びすぎているので、
A、B、C のどこかで切る

剪定後
B点で切り、亜主枝を主枝に格上げ

科学的剪定法で樹木の負担を軽くする

傷口がふさがるには長い年月がかかる

　ここでは主に主枝を幹から切除する場合の手法を考えます。切断面は、樹木にとっては傷です。樹木は傷口をふさごうとして、カルス（癒合組織）と呼ばれる組織を生じさせます。

　カルスは切断面の周辺から中心に向かって伸びていきますが、傷口をふさぐまでには長期間を要します。たいてい、カルスが生長する速さは1年につき1～2㎜程度です。剪定後、カルスが切断面の周囲から1年に2㎜ずつ伸びれば、切断面は毎年4㎜ずつ覆われていきます。初めの切断面の径が100㎜だとすると、その全面がふさがるには、約25年もの歳月がかかる計算となります。

切断は治りにくい部分を避け、最小の面積で

　切断による傷口は、枯れが入って虫に食われたり、病原菌に侵されたりという危険に絶えずさらされます。被害を最小限に抑えるためにも、樹木に鋏や鋸を入れる際には、修復が早く進む箇所、切断面が最小となる方向を見定めましょう。

樹木への負担が少ない、理にかなった剪定位置

　樹木は自分自身で、ダメージが少なく、傷にすみやかに対応できる位置を用意しています。バークリッジ（樹皮隆起部）やブランチカラー（枝の付け根のふくらみ、枝組織と幹組織が交じり合った部分）がその位置で、ここを傷つけないよう接線で切断します。太い枯れ枝の元（右ページの写真）を見ると、適切な位置で切断していないと切断線でカルスが止まることがわかります。

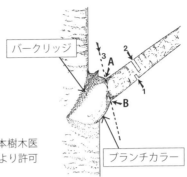
バークリッジ

ブランチカラー

75～79ページの図は（一社）日本樹木医会『現代の樹木医学（要約版）』より許可を得て転載（一部加工）

破線Ａ－Ｂが適切な剪定位置

この面で切るとカルスの形成が進みやすいため、傷の治癒も進みやすく、樹木への負担が少ない。バークリッジやブランチカラーの接合部を傷つけると、カルスの形成が遅れ腐朽が拡大しやすい。

枝下ろしは二段切りで

長い枝は、切り口の裂けを回避するために、図の１のような切り込みを入れてから、いったん２で切断し、３で残りを切断する。

不適切な位置で切られている例。枯枝が適切な切断位置を教えてくれている。

切断角度は切断箇所の構造に応じて

　樹種によって、ブランチカラーが発生しやすい樹種と、そうでない樹種があります。特徴に応じて、適切な切断位置を決めます。

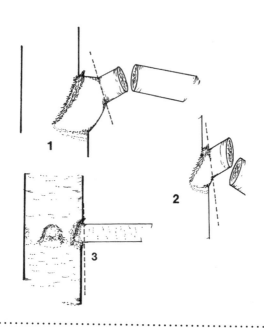

　ブランチカラーがはっきりしている樹種 → 1

　　ブランチカラーの縁で切断。

　ブランチカラーがよくわからない樹種 → 2

　　切る枝の枝元のラインと幹からのラインを結んだ位置で切断。

　枝元の周囲がふくらむ樹種 → 3

　　ふくらんだ部分を残して切断。

適切な位置で切断するとカルスの形成も早まる

　維管束は、樹木の体を支えながら、根が吸った水や葉でできた生産物を体内の各部に送る組織です。これが幹から枝へと分離する区画がブランチカラーであり、枝が折れて枯れが入っても、樹木はこの区画を使って腐朽を防御します。

　左下図のA－Bの位置で切断すると、ブランチカラーを傷つけないうえ全周でカルスが生じ、より早く切断面を覆います。

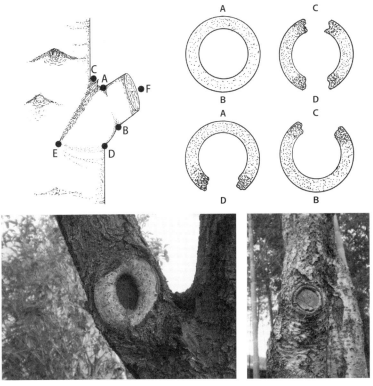

順調に進んでいるカルスの形成

適切な位置で切断すると、
全周からカルスが発生する

幹が二股となった箇所の適切な剪定位置（M－N）

　二股枝の適切な切断位置は、下図のように、枝の分かれ目Mと、バークリッジの底部Oからまっすぐ横に向かった点Nが目安です。

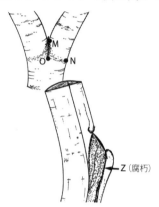

若木の主幹の適切な剪定位置（A－B）

　若木の主幹を切る時の切断位置は、下図のように、枝の分かれ目Aと、バークリッジの底部Cからまっすぐ横に向かった点B（幹に対してほぼ直角）が目安です。生理上、残すほうの枝の直径は、切る主幹の3分の1の太さを必要とします。

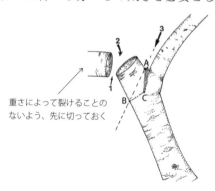

重さによって裂けることのないよう、先に切っておく

塗布剤が必要な場合

　次の図は幹の切断例です。一般的に見受けられる切断位置ですが、不適切な切断です。これでは幹の切り口から腐朽が急速に進みます。矢印の所が適切な位置です。

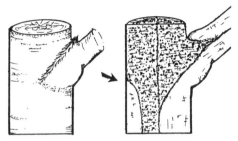

不適切な切断（水平な幹の切断）

　下図のように、矢印と、枝の分かれ目を通る面が適切な切断面です。ここで切ると、形成層の枯れ下がりも腐朽も少なくなります。

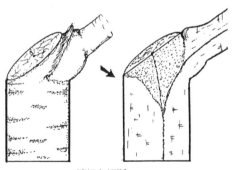

適切な切断

> 科学的剪定法で生じた切断面が直径10cm以上の場合は、切断面から形成層を含む外周部に癒合剤を塗布したほうが良い。

根の姿は樹木の姿──根や基盤にも注意を払う

樹木にとってよくない道路環境

　街路樹を取り巻く環境のうち、植栽基盤は深刻な状況です。

　土壌の性質の見方として、「固相」「液相」「気相」の三相の割合を目安にする方法があります。有機物を含む土の粒子が固相で、その隙間に水などの入った部分が液相、空の隙間が気相です。根は液相から養水分を吸い、気相で呼吸します。

　街路樹の場合は、道路工事にともなって植栽基盤が締め固められ、液相、気相の割合が低く、樹木はあまり根を伸ばせません。

　とくに、街路樹の根元から周辺にかけ、路面に凸凹が生じるのはそうしたケースです。根が息苦しくなり、より浅いところを求めようとしているのです。隙間が大きすぎるのも問題です。水が抜けやすく、気相の割合ばかり高くなり、根が水を吸えなくなるためです。粘土分の多い箇所では、隙間が粘土で埋まり、水が抜けにくくなって、根が呼吸しにくいという問題が起こります。

無機的な植栽基盤

　植栽基盤は、こうした不具合が生じないよう、植物の生理に配慮して準備する必要がありますが、街路樹にはたいてい何の配慮もなされず、設計で決まった位置に、等間隔に配置されます。

　森林の土壌は、枯れ葉の堆積や生き物の活動などによって、腐植が進み、柔らかで養分の豊富な状態ですが、植栽枡の限られた範囲ではそれもまったく望めません。それだけに、葉や枝の切りすぎは、樹木に大きなダメージを与えるのです。また植栽枡がいっぱいになるほど幹が肥大するのも、ぜひ避けたいところです。

街路樹に多い深植え

　樹木が生長し、幹の径が20cmを超えるほど太くなると、根張りも生長して幹の根元の部分がより太くなります。しかし、街路樹には地面まで寸胴のものが多く、「深植え」が疑われます。深植えに伴う異状には、次のようなものがあります。

> **深植えが疑われる異状**
> 樹冠の小枝が枯れる　葉が小さい　葉の色が薄い

　深植えすると酸素が届きにくくなり、根の活動が阻害されます。すると、呼吸で生じるエネルギーが年々目減りし、ついに衰弱があらわになるのです。樹木は我慢強く、深植えされてから10～15年間ほどは、あまり異状が見られませんが、通常よりも10cmぐらいの深植えでも徐々に影響が現れます。

頂部が枯れ始めたユリノキ

深植えされた街路樹（電柱のようである）

樹種や環境の違いを踏まえる

　樹木は生長に伴って、環境のいろいろな条件に合わせた生き方をします。根張り（地際部が太る現象）もそのひとつです。根が浅く張っている場合にはよく発達し、深く張っている場合には発達しません。樹木は、幹や枝が伸びるにつれ、風の影響をより大きく受けるようになり、それでも倒れることがないよう、自ら根をさらに伸ばして太らせます。また根元が曲がっている場合は、自重に負けないように、傾いている側の年輪幅を他方より広げます。「あて材」がこの部分に当たります。こうして根張りが生じるのです。

　根張りの見えない樹木は最初から根が深く張っているか、深植えされたか、余盛り（定められた高さより余分に土を盛ること）されているものです。樹勢は徐々に衰退していきます。

　年輪はどうでしょうか。昔は年輪で方角がわかるとされ、年輪幅が広いほうはよく陽が当たる南側だと言われました。しかし樹木は、重さがかかる箇所や根を太らす必要がある箇所の年輪幅を広くしますので、年輪幅だけでは東西南北は断定できません。

　一般的に広葉樹は力の加わる側の根が発達し、針葉樹は逆で、裏側で支える根が発達することがわかっています。

樹木の姿は根の姿、根の姿は樹木の姿

　樹木の地上部の姿と根の姿は、一体の関係にあります。

　葉の密度低下や枝の抜き過ぎは生産物（エネルギー）の低下につながり、生産をバックアップしてきた根の活動にも影響を与えます。根の活動が低下し、根からの補給が減少すると生産物（エネルギー）はますます減少し、地上部の樹木の健全性が失われ、

病害虫に侵されやすくなります。

　また、根の発達に関係する植栽基盤も重要です。植栽基盤とは植物が正常に生育できる状態になっている地盤を言い、有効土層と排水層から構成されます。樹木の有効土層は、樹高12m以上では100cm、樹高7〜12mでは80cmとされますが、このとおり手厚く植栽された街路樹は、今までどれだけあったでしょうか。

　さらに、植栽基盤の性質で最も重要なものは透水性です。透水性は1時間当たりの減水速度で計り、30〜100mmが「良」とされます。10mm以下が「不良」で、このような劣悪地盤になると、樹木は根腐れを起こし、地上の頂冠部が枯れてしまいます。こうした例も数多く見られます。

　私たちは、剪定の仕方と同様に、樹木の植え方にも細心の注意を払わなければならないのです。

枝が広く張ると、根も広く張る

枝が広がらないと、根も広がらない

伝統の技に学ぼう②
庭師が培った剪定技術を街路樹にも

　最近、庭の手入れで多く使われる道具は、刈込鋏と電動・エンジン式トリマー（バリカン）です。その理由は作業効率が良いことです。これらの道具を使えば、枝の伸びた所を切り詰めるだけで形を整えることができますが、必ずしも良い形になるとは言えません。

　長年、庭師が培ってきた伝統的な剪定技術に「透かし」があります。この技を使って仕上げる樹木の姿、形には品格を感じさせる美しさがあります。

　透かすとは、単に外形線を整える技ではありません。強い枝、太い枝を内部から間引き、外形線は柔らかな当年枝で占める形に仕上げるのです。枝の構成は、幹から先へ行くほど細くなっていきます。こうすると、内部にはよく陽が入り、新芽の発生、育成が促される環境になります。

　「三葉透かし」や「小透かし」は、枝葉密度を一定にしながら、樹形を整える伝統的な剪定技法です。

　街路樹の場合も、庭師ほど手の込んだ細かな剪定は施さないとしても、枝が先へ行くほど細くなり、懐に陽を入れ、絶えず次の芽や枝を準備するのが望ましいという点は、庭木と共通しています。

　ぜひとも、この伝統を引き継いでいきたいものです。

第6章

これからの街路樹剪定

健康状態を正しくとらえ、正しく対応

「枝を透いて病虫害予防」は的外れ？

　街路樹の懐枝を取り払う理由として、よく聞かれるのが「風通しを改善し、病虫害を防ぐ、病虫害の進行を抑える」というものです。外形線内の湿度や温度の上昇を避けるのは、たしかに有益なことかもしれません。しかし、枯れや病虫害の兆候などの異状があるなら、根本的な原因を正確に究明すべきです。剪定や樹木管理の方法が影響している場合も、少なくないのです。

菌も虫も体力の落ちた樹木を狙う

　樹木が病虫害を受けたときには、すでに体力の低下が進み、樹勢が落ちている可能性があります。病気になる以前に体力が落ち、病原菌や害虫が寄ってくるということです。

　樹木の体力が落ちかかると、体内に特定のホルモンが増えます。それはごく微量ですが、キノコにしろカミキリムシにしろ、そのホルモンをかぎつけ、弱った樹木をねらって取り付くのです。

　樹木が十分に健康なうちは、侵入者に対してある種の防御壁を形成するのですが、体力が落ちるとその機能も弱まり、病原菌が寄生したり、害虫に食われたりするのです。

　体力の低下は、深植えや土壌条件の悪さなど、植え付け時に多くの原因があるかもしれません。また、根の切断の後処理が悪く、免疫力が落ちるケースなどもあります。

深植えによる二段根

　樹木の地上部と地下部には密接なつながりがあります。地上部

とともに、地下部を健全に保つ管理も必要です。すべての造園業者がこの視点を持って真剣に取り組んでいるかといえば、残念ながらそうとは言えません。このことは、街路樹、公園樹の多くが、深植えか余盛りとなっていることにも現れています。

　根は、余盛りを含め、深植えの状態になると呼吸に支障が生じます。その逆境の中でも、樹木は何とか生きていこうと頑張ります。地表近くに新たに根を出す「二段根」も根を地表に向けて伸ばしたりすることもその表れです。

　しかし、樹木の我慢の限界は、深植えとなってから10〜15年程度です。その後、梢端の小枝枯れ、頂冠部の小葉、早期落葉などの形で衰退の様子が現れます。葉の緑が薄い、幹が揺らぐ、などの現象も、根の障害に関係すると考えられます。早急に樹木医に相談し、原因を特定して改善策を講じる必要があります。

　この街路樹は弱っていないか、どう剪定するのが良いか、衰退過程にあるか回復過程にあるかなど、よく樹勢を見極めることが大切です。さらにその結果を踏まえ、生産物を減らしたほうが良いか、維持で良いか、増やすべきか、慎重に判断を下します。

下草管理も樹木の健康を考えて

　雑草の繁茂を避けようと、植栽基盤の表面を珪藻土などで覆うケースが増えています。すると、雨水や樹幹流の浸透が遮られ、根への水分・養分の供給が断たれます。樹幹流とは、樹木の枝葉に降った雨が、幹の表面の物質を溶かし込みつつ、根元に集まる流れです。樹木の根元は雨が当たりにくいため、樹幹流は根にとって貴重な水分です。雑草対策と街路樹の育生を両立するなら、ウッドチップなど、透水性のマルチングが適切です。

剪定にも科学の裏付けを

経験則を超えた裏付けを

　街路樹剪定の現場は、慣例や経験則に頼らざるをえない状況が続いています。しかし、植物の生理・生態を踏まえて工夫すれば、樹木はいっそう元気になり、美しくなって、植物管理も効果的、効率的に進められるでしょう。

　どんな分野でも、技術には裏付けが必要です。裏付けがあれば、必要なこと、不急・不要なことの区別も容易になります。主枝にしても、どの枝を切り、残すか、鋏を何カ所に入れるかといったことをあらかじめ計算できれば、必要な人員、機材、工数、予算の見極めが容易になり、事業費の削減にもつながるはずです。

剪定で葉の形も変化？──樹木のメッセージを読み解く

　例えばイチョウの葉が大型化したり、その一部に裂け目が入るのはよく知られた変化で、強剪定を受けた場合に顕著です。

　葉の大型化は、樹木が葉の減少に応じ、光合成の効率を上げようとした結果だと考えられます。一方、大きな葉は風の力を受けやすく、その軽減のために裂け目ができるという説があります。

　葉の外形が変わっても、葉の総重量はあまり変わりません。樹木は、自らの生産物 a の範囲で、変化を起こしているようです。

　こうした研究が進み、樹木のメッセージを正確に読み取れるようになれば、より効果的な管理目標が立てられるはずです。

ダイエットすべき量を明確に

　繰り返し述べてきたように、樹木の体内に貯蔵される生産物 a

をいかに取り除くかが、街路樹剪定の大きな課題です。しかし、それが実際どれだけの量か、どうすれば量れるかの具体的なことは未解明で、今も経験則に頼らざるをえません。

「量」とは、この場合、重量を用いることになります。現在のところ、葉の大きさや総重量の変化を取り上げた研究はありますが、幹や枝がどれだけ伸び、太るかという検証は、まだ進んでいません。

　○生産物 a はどれだけ生じ、どの部位に何割分配されるか？

　○生産物 a をどれだけ取り除けば、太りすぎとならないか？

　こうした定量的な把握が可能になれば、剪定にあたっても、目標値を含めた具体的な計画が立てられるようになるでしょう。

保護帯という仕組み

　樹木の構造や組織は合理的にできています。剪定士がそれをよく知らずにいるのは、もったいない話です。

「保護帯」は、健全な辺材よりも感染に対して抵抗力があります。保護帯は大枝から小枝までの基部、分岐している根系の基部に形成され、菌の侵入を防ぎます。保護帯を用意し、たくさんの区画を作り、感染した組織を絶えずこれらの区画に閉じ込め、感染の拡大を防ぐのです。さらに防御壁を作り、外傷からの菌の侵入を防ぎます。

　こうした強力な区画を維持し、防御壁を作るためには、蓄えられたエネルギーの十分な供給が欠かせません。

　樹木のメカニズムをよく理解して作業に当たり、樹木の力を削ぐような剪定は避けるべきでしょう。

樹木を生かす剪定で事業の効率もアップ

剪定は毎年続ける必要はない

　樹木に計画的なダイエットを施せれば、剪定作業も軽減できます。しっかり計画を立てれば、「太い枝を抜くのは3年から5年に一度。それ以外の年は、必要に応じて軽い剪定のみ」といった管理サイクルを設定することも可能でしょう。

　そのためにも、樹木研究の進展、現場の知見の蓄積は重要です。

伐採の判断は樹勢をよく見極めてから

　剪定も生き物を扱う仕事です。対象とする樹木の樹勢を総合的に判断し、樹木医などの協力も得ながら、極力保全することを基本としたいものです。

　樹木の幹に病虫害による空洞が見つかり、空洞率が基準を超えていることがわかると、すぐに伐採される例が多く見られます。伐採基準が空洞率50％で、計測値がそれを1％でも上回れば、「倒木の危険」を理由に、伐採の判断が下されるわけです。

　しかし、空洞や傷のふさがり具合、枝の張り、葉の付き具合が良好なら、その樹木は回復過程にあると考えられます。空洞率が下がり、安全性が回復する可能性があるのです。科学的な計測にもとづいていたとしても、その値を一律に適用するのは、科学的とは言えません。現状と変化を総合的に観察すべきです。

樹木医を街路樹管理、街路樹剪定の場に

　道路工事は、舗装の打ち換えのような表層だけの工事でも、樹木の根には大きな影響を与えます。施工機械や工事車両が行き来

すれば、根は傷み、腐朽菌などが入りやすくなります。あらかじめ工事範囲にかかる根を切って、切り口を殺菌消毒するなどの対策をとるべきでしょう。

こうした診断や対策にも、樹木医の参加が欠かせません。

毎年同じ庭園の剪定を手がけている庭師なら、そこの樹木の健康状態は一目でわかるでしょう。しかし、単年度事業で、対象となる樹木が多い街路樹の剪定事業では、業者が毎年変わり、同じ樹木に対する経験の蓄積も期待できません。

剪定士はプロとしての仕事を

緑が多く、適切に管理されている地域ほど、暮らしやすく文化的な環境にあるということを、私たち造園業界は明確に認識し、日々の業務に取り組むべきでしょう。健全な樹木を育てるには、剪定のほかにも多くの課題があります。管理費用もその一つです。

樹木は、前述したように3つのパーツからなり、骨格、肉付け、衣装というパーツがすべてそろうと美しい姿になります。こうして初めて街路樹の基本形が生まれます。基本形には、およそ主枝が何本、亜主枝が何本、その他の枝が何本という目安があります。どのような剪定を何カ所行うのが適切か、検証を積み上げることで、管理費の目安が出てきます。

今後、経費のかかる高所作業車を用いることも日常的になるでしょう。そのため、経費を抑える生産性の向上も必要です。

造園業界の技術者は、「こんな日当ではこの程度の剪定しかできない」という意識から卒業し、適切な費用で美しい街路樹に仕上げられるよう、プロとしてのプライドを持って工夫・実行していきたいものです。

変わりだした剪定事業

緑化率向上の促進を

　地球温暖化の問題（CO_2の増大）に対し、早く手を打たないと手遅れになる——スウェーデンの環境活動家グレタ・トゥーンベリさんのメッセージは、世界中が知るところです。これにすぐ対応できるシンプルな方法は、森林の保全や、今ある身近な緑を大切にすること、空き地に草木を植えることです。事業所だけでなく個人に対しても、緑化率向上の義務化が必要でしょう。

　一方、樹木の生活や姿・形は二の次で、緑に対して配慮のない剪定が蔓延しています。発注者側も指摘せず、改善の機会のないのが実態です。こんなことで良いのでしょうか。樹木という生き物のためにも、地球のためにも、緑を守る取り組みが必要です。

「いきいき街路樹事業」

　幸いにも神奈川県のある市では、「いきいき街路樹事業」を展開しています。樹木を健全に生育させ、美しい街路樹を育て、緑の価値が生かされた都市にしようというものです。また東京都のある区では、公園・街路の緑の管理法について施工業者から提案を受け、受注先を選び、剪定後には技術を評価して業績を判断しています。こうして、行政主体の新たな取り組みが始まっています。

緑を増やす働きを担ってほしい

　地球温暖化の原因は、人間の経済活動に伴う二酸化炭素の排出量が多くなったため、と言われています。安価で便利な化石燃料

に頼った生活が原因だということです。

　この流れを少しでも改善するには、樹木を植えることによって二酸化炭素を吸収・固定してもらうことです。

　私たち造園業界の技術者は古来、いろいろな樹木を植え、日本庭園という分野を築き、技術を磨き上げてきました。人々は、その空間で四季を感じ、憩いを感じ、癒やされてきました。緑はある種の安堵感をもたらし、生命が息づいている実感を与えてくれます。そうした価値をもう一度振り返ってほしいと切に願っています。

「生物の多様性」も、とても大切なことです。人間の立場からは、周りに多様な生き物がたくさんいて、それによって私たちの生存も保障されるという概念を、この言葉は示しています。

　街路樹には、いずれ植え替えるべき時が訪れます。生き物の命に関わっていることからも、植樹・剪定の計画は、多面的な観点から策定すべきでしょう。

適切な剪定がなされて育ったイチョウ並木（東戸塚）

仕事の価値を高めて造園業界の底上げを

「提案型」の仕事で新たな価値を提供

　剪定においては、「切る技術」以上に「育てる技術」が重要です。「樹木をどう育てるか」という発想があって初めて、「どう剪定すべきか」が定まるのです。

　技術者として樹木と人のメッセージを仲立ちできる立場にあるなら、その経験を生かして提案力を身につけ、活躍の場を広げましょう。また、樹木を伐採し、植え替え、育成するには、新たな出費と労力を必要とします。そうした面で効率化を図るためにも、「既存の樹木を生かしていく」という発想を持ちましょう。

　もともと造園業は、お客様のさまざまな要望に対し、工夫と提案で応えてきた業種です。地球環境が荒れはじめた今こそ、力を発揮する時です。生物の多様性の維持・回復のため、緑を増やし、いろいろな生き物を呼び戻すための、新たな提案ができます。

造園業界をレベルアップ

　生き物と生き物を結びつけ、非生物と生物を結びつけてきた造園業は、もっともっと価値のある産業に位置づけられるべきでしょう。造園業は建設業の一部ですが、街路樹剪定が「生き物を相手にしている」という事実は、あまり顧みられません。

　そのこともあってか、街路樹を植物として大事に扱おうとしても、なかなか費用面に反映されないのが実状です。

　植物の生理・生態の理解を深め、樹木管理や現場作業に反映させれば、必ず事業の効率化にも結びつくはずです。ひいては、造園業界全体の地位向上にも寄与するはずです。

合理的に技を伝え、合理的に身につける

　職人の世界では「技は見て盗め」と言われます。この言葉の意味するところは何でしょう？

　いろいろな意見はあると思いますが、「研ぎ澄まされた感性で物事を見る習慣を身につけろ」ということではないでしょうか。

　昔から、職人には丁稚奉公がつきものでした。学ぶ側にしてみると、下積み生活が長い割に何も教えてもらえず、非効率極まりない制度であるとも言えるでしょうが、私はそれだけではないと思います。弟子になる、丁稚奉公に行くということは、まず「心構えを修業する」ということではないでしょうか。本人が自らその気にならない限り、技術の取得も進歩も望めません。

　私たちの造園業界でも「技は見て盗め」の心構えは基本です。一方で、素人でも参入でき、立派な技術者に育て上げられるノウハウを、業界全体として構築したいと考えています。

　これからはマニュアル化の方向がより強まるでしょう。「技」にいたる前の「知識」はマニュアルでも学ぶことはできます。

　しかし、技というものになると個人と物の間に「気」が入っているように感じます。人間の「気」が入った技は人間の感性に訴えるところがあります。それを習得することが、「技は見て盗め」なのだと思います。

　技の上には、さらに上の技があります。より上の技を身につけるには、いっそう自分の感性を高め、磨いた「気」があってこそ可能になると思います。

自然に対する探究心を忘れずに
──樹木の生活はたくさんのことを教えてくれる

　最近、私がプランターに、ある樹木の種子を蒔いたところ、いっせいに芽を出し、いっぱいに小苗が出そろいました。その後、小苗がすっかりなくなっていることに気づき、土をいじると、土中にネキリムシの姿があったのです。さらに驚いたことには、先に育った小苗がネキリムシによって枯れてしまった一方で、土中に残っていた同じ種子に陽が当たるようになり、その種子たちがいっせいに芽を出したのです。この種子たちは、条件が整うまで土の中でじっと我慢していたのです。

　このようなことから、植物は生存条件の変化に敏感に反応していることがよくわかります。

　同じ樹木でも、広い空間に一本単独で生きる樹木は、陽を十分に受けられるので、高さ方向よりも、枝張りのほうを大きくしていきます。逆に、数本が狭い範囲に生育している状態では、陽の光を求めて、それぞれ競争して高さを伸ばします。幹はまっすぐ育つばかりではなく、南側が空いていれば陽を求めて南側へ、北側が空いていれば少しでも明るい北側へというように、幹を曲げてでも生存を図ろうとします。曲がっているから悪い樹木だ、弱い樹木だなどと決めつけては、必死に生きる彼らに失礼です。

　樹木を扱う時に忘れてならないのは、樹木にもそれぞれにさまざまな事情があるということです。

　剪定とは「私たちの都合に樹木を付き合わせること」でもあることを、心にしっかり置いてほしいと願っています。

あとがき

　街路樹剪定士指導員の資格を平成12年にいただいてから20年になります。この間、たくさんの受験者の実技試験に立ち会ってきましたが、真っ先に懐枝を切り、枝先を切り詰め、見た目ばかりさっぱりさせて、「剪定とは枝を切ることだ」としか理解していない例が数多く見られました。

　講習の講師を務める機会もあり、骨格バランスや枝バランスを確保し、外形線は柔らかい当年枝に包まれた美しい街路樹剪定の実現を目指して教えてきましたが、実際に美しい姿の街路樹を目にする機会はなかなか増えません。

　それぞれの樹木について限定空間を設定し、その範囲に収まってもらうにはどうすべきか——この基本的な考え方の出発点が理解されていません。限定空間の中で、どこをどう切れば、生存に困らないかということ。切るだけではなく、残すべき枝もあるということ。剪定に当たる技術者は、こうしたことを明確に意識しなければなりません。

　樹木も命のある生き物です。毎年枝を伸ばし、根を伸ばし、大きくなっていきます。

　私たちは限定空間を設定するという、樹木の生活とは相反する働きかけをしています。単に伸びた枝を切り取れば済むという話ではありません。樹木とどう付き合えば、この働きかけを納得してくれるのだろうかと、私は考えつづけてきました。樹木にも生活があり、安定した生活を望んでいるのだと、今は確信してい

す。この考えのもとで剪定を行えば、きれいで美しい樹形づくりにつながると思います。

　私の住む地域に、３年に一度、剪定をしているイチョウの街路樹があります。すぐ隣の空き地には、ほぼ同じ大きさのイチョウが、無剪定のまま植えられています。

　それぞれ観察を続けると、街路樹のイチョウは、剪定されるとさっぱりとした姿になりますが、翌年から強い枝を出し、伸びも大きく、枝先は斜め上の方向に立ち上がっています。頂部も太く強い枝です。一方、数年無剪定のイチョウは主枝数が多く、強い枝伸びもなく、立ち上がり枝も見られません。懐には無数の小枝があり、枝伸びの勢力が分散されているのです。

　秋の紅葉は、無剪定の樹木のほうが断然早く色付き、落葉します。これは「生活がスムーズに進み、蓄えが十分にできた」という証しです。ある程度の大きさを許容し、無理な剪定をしなければ、樹木は安心するのだと私は解釈しています。

　私がこの本で述べてきた「樹木は生き物である」「安心して、安定した生活を保障する剪定を行うことが大切である」ということがらは、すべて樹木が教えてくれたものです。

　樹木をよく観察し、樹木の訴えに耳を傾けて、美しい姿に仕上げる剪定を、ぜひとも心掛けたいものです。この本がその一助になれば大変嬉しく思います。

参考文献

『街路樹剪定ハンドブック』一般社団法人 日本造園建設業協会
『現代の樹木医学（要約版)』一般社団法人 日本樹木医会

◆写真撮影——冨田改（写真提供者を記したものを除く）
◆図版・挿絵作成——冨田改・冨田貴美・株式会社湘南グリーンサービス
（画像提供者を記したものを除く）
◆イラスト作成——冨田穂歌（7、40、41、61ページ）
◆写真で掲載した剪定事例は、とくに画像提供者や撮影地を記したものを
除き、各地の剪定を行った業者の施工による。

著者プロフィール

冨田 改（とみた かい）

1946年	神奈川県に生まれる
1968年	東京農工大学農学部農学科卒業
1969年	千葉大学園芸学部専攻科（造園学）修了
1970年	小形研三氏に師事、雑木の庭や造園の実技を学ぶ
1972年	㈱湘南グリーンサービスを設立、代表取締役に就任
2017年	㈱湘南グリーンサービス　相談役に就任、現在に至る

◆資格

樹木医　農林水産大臣認定第422号
一級造園技能士
一級造園施工管理技士
監理技術者
環境再生医（上級）
植栽基盤診断士
ビオトープ管理者（2級）
自然再生士
街路樹剪定士指導員
自然観察指導員
職業訓練指導員

街路樹はなぜ剪定が必要か？

2020年3月15日　初版第1刷発行

著　者　冨田　改
発行者　瓜谷　綱延
発行所　株式会社文芸社
　　　　〒160-0022　東京都新宿区新宿1-10-1
　　　　　　　　　　電話　03-5369-3060（代表）
　　　　　　　　　　　　　03-5369-2299（販売）

印刷所　株式会社エーヴィスシステムズ

ISBN978-4-286-21014-8